长江经济带产业转移问题研究

熊 伟 著

中国水利水电出版社
www.waterpub.com.cn
·北京·

内 容 提 要

　　本书紧跟中央、国务院关于推进长江经济带发展的重大战略部署,解决亟须问题;深入融合长江经济带和产业转移两个领域的最新研究成果;综合采用区域经济学、空间经济学、产业经济学、数理统计、合作博弈论、系统工程等领域的知识和工具研究实际问题,对长江经济带省际产业转移的问题进行了探析。全书共 8 章,主要内容包括绪论、理论基础及基本模型、长江经济带发展战略变迁、长江经济带产业转移现状、长江经济带产业转移绩效评价、长江经济带产业转移路径研究、创新驱动长江经济带产业转移建议、总结和研究展望。

　　本书可作为长江经济带研究的重要参考资料,也可作为政府工作人员及相关实际工作者的参考用书。

图书在版编目（CIP）数据

　　长江经济带产业转移问题研究/熊伟著. —北京:
中国水利水电出版社, 2019.5（2024.1重印）
　　ISBN 978-7-5170-7723-7

　　Ⅰ.①长… Ⅱ.①熊… Ⅲ.①长江经济带—产业转移
—研究 Ⅳ.①F127.5

　　中国版本图书馆 CIP 数据核字（2019）第 103534 号

书　　名	**长江经济带产业转移问题研究** CHANGJIANG JINGJIDAI CHANYE ZHUANYI WENTI YANJIU
作　　者	熊　伟　著
出版发行	中国水利水电出版社 （北京市海淀区玉渊潭南路 1 号 D 座　100038） 网址：www.waterpub.com.cn E-mail：sales@waterpub.com.cn 电话：（010）68367658（营销中心）
经　　售	北京科水图书销售中心（零售） 电话：（010）88383994、63202643、68545874 全国各地新华书店和相关出版物销售网点
排　　版	京华图文排版有限公司
印　　刷	三河市华晨印务有限公司
规　　格	170mm×240mm　16 开本　12 印张　203 千字
版　　次	2019 年 5 月第 1 版　2024 年 1 月第 2 次印刷
印　　数	0001—2000 册
定　　价	58.00 元

序　言

　　长江经济带产业转移一直是学者研究的重点内容，主要涵盖"长江经济带产业转移现状如何""产业转移是否有效地提升了长江经济带9省2市产业发展现代化水平""长江经济带产业转移的路径是什么"和"如何进一步创新驱动长江经济带产业转移"等内容。针对长江经济带产业转移的问题进行深入研究有助于国家相关政策的制定与实施。全书紧跟中央、国务院关于推进长江经济带发展的重大战略部署，解决亟须问题；深入融合长江经济带和产业转移两个领域的最新研究成果；综合采用区域经济学、空间经济学、产业经济学、数理统计、合作博弈论、系统工程等领域的知识和工具研究实际问题，对长江经济带省际产业转移的问题进行了探析。全书主要内容如下：

　　（1）对长江经济带产业转移问题相关研究进行了梳理。首先，介绍了选题背景及意义。其次，分别界定了长江经济带和产业转移两个概念。针对产业转移的内涵进行了辨析，将产业转移定义为区域产业规模发生相对变化的现象。再次，指出长江经济带产业转移问题的交叉研究刚刚破题，研究内容属于区域中观层次，承上启下，其重要性无须赘言。最后，介绍了研究思路和内容、研究方法、技术路线以及主要创新点。

　　（2）对理论基础和基本模型进行了探讨。首先，对长江经济带产业转移的理论基础进行详细阐释。其次，基于偏离-

份额法分析了长江经济带产业转移的动力源泉。指出长江下游省份地区生产总值和第三产业增加值增长源于产业基础优势和产业结构优势，第二产业增加值增长源于产业基础优势；而长江上中游省份地区生产总值和第三产业增加值增长源于产业竞争力强化，第二产业增加值增长主要源于产业结构和产业竞争力双重优势，突出问题是产业基础较弱。再次，基于省际产业转移机理分析对长江经济带产业转移战略层面关注重点进行了探讨。构建了市场需求模型、企业生产计划模型和产业转移决策模型，展开均衡分析，提出企业产业转移决策与产业转移前后销售总收入变化相关，受多种因素综合影响，如果生产要素成本、运营成本、交易成本趋大，或者本地市场份额减小，则企业将趋向于产业转移。对于长江经济带而言，当前发达省份生产要素成本、运营成本、交易成本均呈现上升趋势，欠发达地区则更多需要关注培育市场份额较大的产业，就能够足以吸引发达省份产业转移。

（3）对长江经济带发展战略变迁进行归纳。首先，将长江经济带产业发展划分为孕育、集聚、萌芽、均衡、启动、停滞、复苏以及腾飞8个阶段，深入剖析了各个阶段长江经济带产业发展的特点和空间演化。其次，分析了长江经济带经济社会发展总体情况，提出长江经济带是我国资源丰富的珍宝带、区位占优的便利带、半壁江山的经济带、人口城市的密集带、智力荟萃的科技带、对外开放的实力带和差异发展的起伏带。再次，探讨了长江经济带发展的国际国内环境，指出当前世界经济复苏之路曲折而又艰难，未来世界经济不确定性因素依旧较多，我国经济发展受外部环境的影响将不容乐观；当前我国经济发展步入新常态，未来我国经济能够实现中高速发展，长江经济带发展战略重启是世界潮流、历史和实力综合作用。最后，剖析了新时期下长江经济带发展战略的核心内涵，即谋划区域发展新棋局，由东向西、由沿海向内地，沿大江大河和陆路交通干线，推进梯度发展。

（4）对长江经济带产业转移现状进行分析。首先，总结了我国产业转移的历程和现状。将我国产业转移历程划分为4个阶段，提出我国产业转移的特点包括5个方面：一是从产业转移的流动方向看，引进与走出去齐头并进；二是从产业转移的演进路径看，链式组团转移逐渐增多；三是从产业转移的承接方式看，合作共建园区渐成气候；四是从产业转移的质量效率看，协调互动转型迈向新阶段；五是从产业转移的经济效益看，经济增长差距日益缩小。其次，对近年来长江经济带产业转移的工作体系进行了概括。从严格意义上讲，我国目前尚未形成独立的长江经济带产业转移工作体系。中央推进长江经济带产业转移的各项工作均包含在全国产业转移工作体系之中，包括持续落实有序转移，着力抓顶层设计；持续优化产业结构，着力抓分类指导；持续夯实平台基础，着力抓试点示范；持续完善联动机制，着力抓服务对接。再次，探讨了长江经济带2005—2013年产业转移现状。对大类产业区位变化情况进行分析，指出2005—2013年长江经济带9省2市均发生了产业转移，长江下游地区产业转出明显，长江上中游地区产业承接明显但集中在第二产业尤其是工业。对产品产量区位变化进行分析，从产品产量区位变化平均值看，长江下游主要产品生产占全国比重呈下降趋势，而中上游地区除贵州外均呈现上升趋势，尤其是向四川、重庆、安徽、湖南转移趋势明显。然后，分别对长江经济带9省2市推进产业转移工作的基本情况和主要做法进行了归纳和总结。总结出5条省市推进产业转移有益启示，即注重产业承接与培育新的竞争优势相结合、注重高端承接与产业适应相协调、注重打造集群转移与集群承接新模式、注重配套引进与配套完善并举、注重硬环境与软环境双优化。最后，提出长江经济带省际产业转移需要重视的4个问题："腾笼换鸟"的悖论问题、承接产业转移"恶性竞争"问题、承接产业转移的有效性问题和"产能过剩"行业的转移问题。

（5）对长江经济带产业转移绩效进行评价。首先，探讨了产业发展现代化的内涵。提出产业发展现代化是建立在现代科学技术基础之上，瞄准现代世界先进水平，以现代发展理念发展产业。其次，构建了产业发展现代化水平评价指标体系。指标体系包括"创新驱动""数量""速度""质量""效益""协调""可持续""以人为本"共8个一级指标，15个二级指标。再次，基于熵权–TOPSIS法对2005年、2013年我国31个省（市）产业发展现代化水平进行评价，得出了各省（市）产业发展现代化水平排名。然后，着重分析了2005—2013年长江经济带9省2市产业发展现代化水平的演变情况。研究发现，2005—2013年，长江经济带下游省（市）产业发展现代化水平在全国保持领先，"创新驱动""质量""以人为本"水平上升，但产业发展的"速度""效益""协调"水平下降，尤其是"速度"，平均排名下降7位；长江经济带中游省（市）产业发展现代化水平提升较快，"创新驱动""速度""质量""效益""协调""可持续""以人为本"水平均有所提升，尤其是"速度"，平均排名上升7位，仅"数量"排名轻微下降；长江经济带上游省（市）产业发展现代化水平提升较快，"创新驱动""数量""速度""质量""效益""协调""可持续"水平均有所提升，尤其是"速度"，平均排名上升7.5位，但"以人为本"方面有些下降。2013年长江经济带产业发展水平发达省（市）有3个，分别是江苏、上海、浙江；欠发达省（市）5个，分别是四川、重庆、湖北、湖南、安徽；落后省3个，分别是江西、云南、贵州。经过努力，2005年的落后省份安徽在2013年进入欠发达省份类别。最后，对比了2005—2013年长江经济带省（市）产业转移总量变化与产业发展现代化水平变化之间的关系。结论是产业转移的总量变化与产业发展现代化水平的变化并无明显的相关关系。

（6）对长江经济带省（市）推进产业转移路径进行研究。首先，针对产业转移"恶性竞争"问题对长江经济带产业转移省（市）政府在操作层面的推动机制进行了博弈分析。指出无论是发达省市政府还是欠发达省市政府，在制定和实施对企业进行补贴的产业转移政策过程中，都需要对区位优势差异、企业投资对本地政府净收益、两地劳动力工资水平差异等因素进行综合权衡才能获得最大效益，没有必要盲目补贴。其次，基于知识溢出增长模型对省际产业转移的政策效用进行了分析。重点分析了省际转移支付、降低省际交易成本和降低创新成本3种政策的效用，指出省际转移支付虽然降低了省际收入差距，但是以降低经济增长率为代价；降低省际交易成本和降低创新成本则既能增加经济增长率又能降低省际收入差距。

（7）对指导长江经济带产业转移对策进行研究。提出创新驱动长江经济带产业转移建议。分别是：加强统筹协调，形成发展合力；厘清职责边界，推动改革示范；完善市场环境，营造创新氛围；优化产业布局，分类重点推进；培育产业集群，完善产业生态；加大园区建设，夯实发展平台；拓宽资金渠道，引导多元投入；优化人才环境，加强智力建设。

本书由湖北工业大学熊伟老师完成写作工作，由湖北工业大学黎明老师负责全书审校工作。本书主要内容来自教育部人文社会科学研究项目（17YJC790176）的成果。此外，本书撰写工作得到了湖北省商务研究中心开放基金重点项目（2017Z001）及湖北大学开放经济研究中心开放基金项目（KFJJ 2019004）的资金支持，在此表示感谢。

由于作者水平有限，书中错漏之处在所难免，恳请读者指正。

作　者
2019 年 4 月

目　　录

第 1 章

绪　　论

1.1　背景及意义

2012 年 11 月，党的十八大召开以后，党中央和国务院紧紧围绕国内外新形势、新问题和新挑战，提出了诸如"一带一路"倡议和长江经济带、京津冀协同发展和中国（上海）自由贸易试验区等系列重大战略举措和布局，为构建区域经济发展开放型新体制和机制赋予新内涵，注入新动能。这些国家战略涵盖点、线、面，囊括陆地与海洋，着力推动区域经济规划突破行政区划乃至国界限制，跨市、跨省乃至跨国整合生产要素，一定会带领我国区域经济发展跨上新的台阶。

2013 年 7 月，习近平总书记来到湖北省，就全面深化改革和经济运行情况等进行调研。在武汉新洲阳逻港，他挽着裤腿、打着雨伞，发自肺腑地提出长江流域一定要努力发挥好内河航运作用，紧密合作，积极把长江全流域建设成为黄金水道。2013 年 9 月，在一份国家发展和改革委报来的文件上，李克强总理对区域经济发展的重要规律进行了总结[1]，即先行开发沿海、沿江，再向内陆地区梯度推进。他认为如果能够将长江这条黄金水道建设好，大力推动长江中上游地区经济社会发展，加强引导中西部地区积极有序地沿海产业对接，就能够在全国形成一条新的经济支撑带[2]。李克强总理要求有关方面就此尽快拿出指导意见。2013年10月，国家部委联合调研组按照总理的要求在长江沿线9省2市开展调研，听取各地意见。调研组由国家发展与改革委副主任徐宪平任组长，交通部副部长翁孟勇担任副组长。经过认真研究，2014年9月25日发布《国务院关于依托黄金水道推动长江经济带发展的指导意见》（国发〔2014〕39号）（以下简称《指导意见》）。从此，我国政府将建设长江经济带上升到国家战略高度，目的在于打造沿海与中西部良性互动、相互支撑的新局面。毋庸赘言，长江经济带将成为未来有力推动我国经济增长的新引擎。

《指导意见》明确提出建设长江经济带的原则和目标，即秉承"改革引领、创新驱动；通道支撑、融合发展；海陆统筹、双向开放；江湖和谐、生态文明"，致力于建成"具有全球影响力的内河经济带、东中西互动合作的协调发展带、沿海沿江沿边全面推进的对内对外开放带、生态文明建设的先行示范带"。当前，我国经济三期叠加，发展速度处于换档期、结构调整处于阵痛期、前期刺激政策处于消化期。新常态的突出表现包括中低速、优结构、动力新、挑战多，迫切需要寻找新的经济增长极。党中央、国务院谋划中国经济发展新棋局，做出推进长江经济带发展的重大战略决策，既惠当前又利长远。

《指导意见》部署了7项长江经济带发展重点推进任务，各项任务内在逻辑关系可参见图1.1。这7项重点任务内在联系十分紧密：第一项任务"提升长江黄金水道功能"和第二项任务"建设综合立体交通走廊"着力解决长江经济带发展的硬件通道建设；第三项任务"创新驱动促进产业转型升级"、第四项任务"全面推进新型城镇化"、第五项任务"培育全方位对外开放新优势"、第六项任务"建设绿色生态廊道"着力解决区域内产业、城镇化、对外开放、生态方面建设；第七项任务"创新区域协调发展体制机制"着力解决顶层体制机制问题。

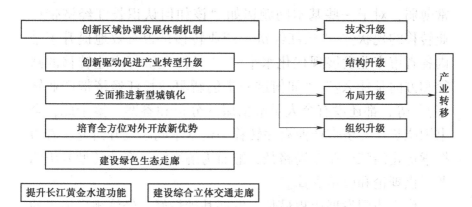

图 1.1 长江经济带发展重点推进任务内在逻辑图

　　在促进长江经济带产业转型升级方面,《指导意见》力推创新驱动,并做了周密部署。转型升级可以分开来看,转型是从 B 到 A,而升级是从 A 到 A+,乃至 A++。长江经济带产业转型意味着需要将沿江产业发展的动力由过去依靠要素驱动调整为依靠创新驱动。长江经济带产业升级意味着达到 4 个实现:一是实现产业技术升级,重点是提升自主创新能力、推进信息化与产业融合发展;二是实现产业结构升级,要统筹考虑大幅提升战略性新兴产业、传统产业、服务业、现代农业和特色农业发展水平;三是实现产业布局升级,主要途径是引导产业合理布局和有序转移;四是实现产业组织升级,向着培育形成具有国际水平的产业集群而努力。

　　可见,长江经济带建设中,产业转移无疑是重要一环。在产业梯度和要素禀赋方面,长江经济带上、中、下游之间存在的差异较为显著。从上游到下游,长江沿岸产业能级逐渐增加而要素禀赋逐渐减少。为了有效应对要素价格普遍上涨的不利影响,长江经济带上、中、下游地区之间应当立足自身的比较优势,大力发展具有比较优势的区域特色产业,同时有效利用沿江运输体系转移比较优势错位的产业,在更高层次展开分工合作,致力于在全长江流域范围内形成差异化分工格局。

　　然而,当前理论界有关长江经济带产业转移问题的研究非常薄弱，对于一些基本问题诸如"该如何认识长江经济带产业转移的现状？""长江经济带产业转移是否有效地提升了带内各省市产业发展现代化水平？""长江经济带产业转移的路径和方向是什么？""如何进一步创新驱动长江经济带产业转移？"等，都还没有令人足够信服的分析和答案。鉴于此，全书围绕长江经济带产业有序转移一些基本问题展开研究，着力探索优化沿江产业布局路径，继而为解决沿江产业转型升级问题提供理论和政策支撑。

作为我国发展历程最长、发展基础最好、经济规模最大的流域经济带，长江经济带无疑将是实现我国国家战略构想的主战场。如果把沿海比喻成改革开放的一张弓，则长江经济带就相当于一只利箭，箭在弦上，扣发利箭，中国改革开放事业必将所向披靡。《指导意见》的出台，绘就了我国推进长江经济带发展的框架蓝图，需要理论界及时跟踪、总结并提出建议。全书的选题是目前国家亟须解决的重大课题，面向国民经济的主战场，具有十分重要的理论意义和应用价值。

1.2 相关概念界定

■ 1.2.1 长江经济带

长江是我国最大的河流，全长 6 300 余千米，流域面积178.27 万平方千米，年径流量 9 857 亿立方米[3]，发源于青藏高原唐古拉山脉，干流流经 11 个省级行政区，支流延伸至8 个省级行政区部分地区。

长江经济带的空间界定以长江流域空间界定为基础，但也有一些不同之处。聚集的"水"是划分流域边界同质性和内聚性的标准，长江流域是以分水岭为界的一个自然地貌性区域。由于水流是动态的、变化的，因此长江流域也是一个相对意义的区域。经济带是依托交通运输干线、地理位置、自然环境等约束发展轴，围绕发展轴上一个或几个经济发达的大城市，连接线状基础设施，由若干不同规模等级的中心城市共同组成的具有内在经济联系的带状经济区域或走廊[4]。长江经济带是站在经济的视角观察长江，长江经济带一直都是客观存在的。然而，自长江经济带概念提出后，理论界很长一段时间内对于长江经济带的范围究竟包括哪些地区存在争论。1995年年底，长江经济带的地域范围包括长江三角洲上海市、江苏省、浙江省3省（直辖市）14个市和沿江地区安徽省、江西省、湖北省、湖南省、重庆市、四川省6省（直辖市）23个市[5]。2013年12月，国家发改委正式确定上海、江苏、浙江、安徽、江西、湖北、湖南、重庆、四川、云南和贵州等9省2市划入长江经济带范围。2014年4月28日，为了研究长江经济带建设，李克强总理召集长江沿线9省2市的主要负责人在重庆召开座谈会[6]。这次座谈会意义非常重大，也正是从这次座谈会开始，明确了长江经济带的范围。

　　为什么将长江经济带确定为9省2市，可以说是从多个角度出发考虑这个问题：①保持了以省为基本单位行政区划的完整性，可以着眼发挥省级行政区经济的整体功能，能够使得对长江经济带活动的各种经济指标进行统计和分析时，获取统计资料更加便利；②尽管浙江省占长江流域面积相对较小，但杭嘉湖平原位于长江流域，且与上海、江苏等长江流域内其他省市经济联系密切，长江经济带的发展离不开浙江省的带动；③长江干流运输较为发达，四川以下各省市经济联系非常密切，并初步形成了以黄金水道为主干的水陆空综合运输体系，长江经济带9省2市的范围基本上能够覆盖长江航运大部分城市；④长江流域占广东、广西等省（自治区）本省面积比例较低，故没有划在内；⑤从自然地理上看，也可以说青海、河南等省份也属于长江流域，但鉴于这些省份在黄河流域的主导作用，更宜归入黄河流域，将哪些省份归到长江经济带要有所取舍，全部纳入容易导致泛化，突出不了特色，所以没有纳入进来。

■1.2.2 产业转移

目前，产业转移的学科范畴并未统一。国内外诸多学科如城市经济学（urban economics）、区域经济学（regional economics）、国际经济学（international economics）、空间经济学（spatial economics）、经济地理学（economic geography）等对产业转移已有广泛的研究和探讨，其实质都是突出空间因素。本书将产业转移归为空间经济学学科（见图1.2），原因如下：

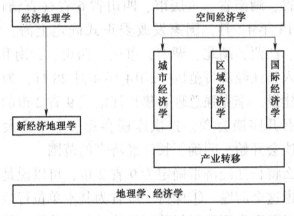

图1.2 产业转移的学科范畴

（1）在经济学界空间经济学的命名优于经济地理学。地理学（geography）致力于研究地球表层各圈层关系及其空间差异和变化，按照研究对象的不同可以划分为两大类学科，即自然地理学与人文地理学。经济地理学属于人文地理学的分支，是用经济学的理论研究地理学，是经济学服务于地理学，落脚点是地理学。国外研究经济地理的学者很多在地理系工作。产业转移更多涉及的是经济学问题，故不宜归入经济地理学。当然，如果让地理学服务于经济学，不能简单地使用"地理经济学"（geographic economics）命名，容易与"经济地理学"混淆，而采用空间经济学则颇有新意而不拗口，可以为大家所接受[7]。

（2）理论研究要慎用"新"字。诸如"新经济地理学""新贸易理论""新增长理论""新古典经济学"等，自我标榜"新"，但新无止境，过不了一段时间不与时俱进就不新了，命名突出不了特点，故不宜将产业转移归为所谓的"新"理论学科。

（3）空间经济学包含所有经济学分支学科中与空间维度有关的内容。空间的概念涵盖城市、区域、国际等从小到大各层次。空间经济学以经济活动空间分布为研究对象，微观上，主要探讨影响企业进行区位决策的各种因素，宏观上则从各种不同角度来对现实经济活动产生空间聚集的动因、机理等展开研究[8]，关注（稀缺）资源空间配置和经济活动区位，能够涵盖城市经济学、区域经济学和国际经济学。

迄今为止，关于产业转移尚无统一定义，学者们对产业转移内涵的认识存在分歧，主要原因是对以下几个问题的看法不同。

（1）产业转移是一个宏观概念还是一个微观概念？一些学者从宏观认识，例如，陈建军等[9-11]认为，产业转移起源于资源供给或产品需求等条件发生变化，是某些产业在地区或国家之间转移的宏观经济过程；谢代银[12]指出，产业转移是指某个产业或产业集群在地理空间分布上发生变动，即由一国或地区向另一国或另一地区移动，是产业区域间的转移。一些学者从微观认识，例如，魏后凯[13]认为，产业转移涉及企业与政府，他们之间进行动态博弈，不同的政府相互比拼提供更具吸引力的发展环境，企业最初是销售机构的转移，然后是工厂的转移，最后是研发机构和公司总部的转移。现实中，跨国公司投资的同时发生了企业迁移。许多关于跨国公司投资的研究文献实际上研究的就是企业迁移[14]。也有学者将微观与宏观结合起来认识，例如，陈计旺[15]认为，微观上看，产业转移是部分发达区域企业紧盯区域比较优势的转变，通过直接投资等方式转移部分产业到其他欠发达区域；但从宏观上看，这种微观的企业行为累积起来长时间影响两地区产业区位，就发生了该产业从发达区域向欠发达区域转移的现象。王云平[16]指出，要从两个方面理解产业转移的内涵。广义产业转移是指因供求条件变化而引发的某一产业区域间相对规模变化；狭义产业转移是指微观企业（部分或者全部）迁移的宏观表现。

（2）产业转移是正向梯度转移还是逆向梯度转移？大部分学者研究关注正向梯度，例如，陈刚、陈红儿[17]认为，发达地区的产业需要跟随竞争优势的演变，把部分在发达地区稍显落后的产业转移到欠发达地区。以上认识有一定的片面性，因为我国许多产业存在由落后地区向发达地区转移的现实。俞国琴[18]指出，把经济技术的差异当成区域发展的顺序是机械地把现象看成了本质。

（3）产业转移是内生引发变化还是外生导致转移？张公嵬等[19]指出，中西部地区的劳动密集型产业份额上升的原因多种多样，既可能起源于承接沿海地区企业迁移，也可能得益于本地区企业投资。孙浩进[20]将产业转移同生物种群在自然选择作用下的迁移进行类比，认为产业转移是企业群在市场选择机制作用下对生存环境变化的自适性反应，若产业所在区域的要素市场环境或产品市场环境发生变化，则将使得产业成本上升或利润降低，产业对生存环境的适应度不断降低，只能像生物种群一样迁移到另一个具有可适应市场环境的区域中寻求生存和发展，进而在经济的"自然选择"规律中保留下来；反之则会被淘汰。刘红光等[21]认为广义上的产业转移包括间接产业转移和直接产业转移。间接产业转移的动因是承接地和转出地内部自身企业发展或者衰亡，但企业没有出现迁移；直接产业转移的动因是企业将部分或全部功能由原生产地转移到另一地区。

（4）产业转移是产业规模变化还是竞争优势变化？陈刚[22]等认为，产业转移是一种产业区位重新选择，源于区域产业竞争优势消长变换。付保宗[23]认为，产业转移是区域间产业相对规模的变化，产业规模相对增加的区域是产业转入地，相对减少的区域是产业转出地。

本书认为，以上诸多产业转移内涵的认识和论述并不完全对立，均需要统一起来综合理解。我们可以在对图1.3进行解读的过程中体会产业转移。企业在区域集聚力和分散力的共同作用下表现为3种情形：迁出、迁入以及企业自身成长或衰落。假设随着时间的发展，甲省某产业内企业自身迅速发展壮大，并源源不断地从乙省迁入，导致甲省该产业占全国比重超过乙省，则可认为甲省该产业发生了迁入，而乙省该产业发生了迁出，甲地和乙地均发生了产业转移。规模是体现竞争力的一个重要方面，甲省和乙省产业相对规模发生变化进而将带动两省产业竞争力也会发生相对变化。

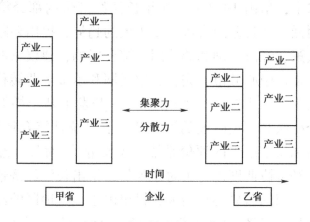

图1.3 产业转移内涵示意图

同时，本书认为，要根据研究对象和研究目的不同对概念的关注点进行取舍。本书主要研究长江经济带宏观层面9省2市省际产业转移的现状、绩效以及中央、省市推动产业转移的工作举措等，需要从宏观上定量地探讨省际产业转移，因此采用狭义的产业转移内涵，认为产业转移是区域产业规模发生相对变化的现象。

1.3 国内外研究现状

■1.3.1 长江经济带相关研究现状

近年来，基于国外区域经济发展理论，国内一些学者在长江经济带相关领域进行了大量的理论和实证研究，遵循"分析区域差异性—协作体制机制—合作重点领域"的研究逻辑路线，均力图上升为国家战略，但是从目前收集到的资料来看，深入研究长江经济带产业转移的内容较少。

研究统筹长江经济带发展的起始点是分析带内区域比较优势。刘伟[24]利用主成分分析法分析了长江经济带41个地市经济发展水平，指出1978—2003年长江经济带内部经济发展水平东高西低，并且差距有进一步扩大的趋势，提出差距的扩大受国家政策、经济基础和偶然因素综合影响，建议采取发挥比较优势、强化中心城市、完善交通运网和承接产业转移等措施来防止差距进一步拉大。张颖超等[25]开发了基于梯形模糊数的层次分析法和灰关联度的沿江开发监测统计综合评价模型，创建了指标易于维护的评价系统。于文静[26]对长江经济带三大地区的经济协调度进行了时序评价，指出长江经济带东中西三大地区之间的差异逐年增大，提出由于三大地区的经济差异过大导致整个经济带的经济无法实现协调发展。牛禄青[27]指出，各地规划趋同是产业同构的源泉之一，长江经济带产业同质化较为严重，钢铁、化工、医药和造纸等"三高"产业争先恐后地沿长江布局，既带来了恶性竞争和产能过剩，又对长江生态环境可持续埋下了污染隐患。孙智君、于洪丽[28]从时间序列和截面两个维度基于面板数据分析了长江经济带11省市的能源消费和经济增长差异，将长江经济带划分为4个不同的区域：一是经济高增长能源消费高区域，如江苏、江西、湖北、湖南、四川和重庆；二是经济高增长能源消费低区域，如浙江、安徽、贵州；三是经济低增长能源消费高区域，如云南；四是经济低增长能源消费低区域，如上海。

研究统筹长江经济带发展的突破点是构建区域协同发展机制体制。段进军[29]结合横向和纵向 2 个方向剖析了长江经济带联动发展，提出横向上要突出以上海、武汉和重庆为中心的三大区域特色，纵向上则要提供制度、市场、交通等条件，并发挥好企业和企业集团作用。黄庆华[30]等人利用偏离份额分析法对长江经济带产业结构演变及政策取向进行了研究，认为长江经济带产业结构演变的影响因素包括政策导向、要素价格、区域分工、产业发展规律等，提出长江经济带各地区既要利用黄金水道优势建立内部协作机制，又要加强与黄河经济带、珠江经济带互动。曾刚[31]从新时期长江经济带建设计划的背景与意义、战略目标，以及长江经济带建设的科学基础、9 省 2 市的发展基础条件、战略部署等方面入手，全面系统地论述了支撑长江经济带协同发展的复合生态系统理论、劳动地区分工理论、产业转移理论、区域创新系统理论、增长极理论以及交通联系、经济联系、社会联系、创新合作、水资源利用与保护、生态环境安全合作、上海自贸区与流域一体化制度创新等重要理论与战略问题。

研究统筹长江经济带发展的着力点是挖掘区域重点合作方向。现有研究着重关注区域重点优先产业选择和物流业发展。牛禄青[32]指出，长江经济带上中下游的产业布局大体应该是资源—制造—研发，下游地区需要努力做到创新驱动发展，重点攻关和掌握关键核心技术，眼光向外，在国际上争得一席之地；中游地区需要聚焦制造业转型升级，提升制造业质量和效益，打造知名品牌；上游地区需要保护好绿水青山，坚持资源节约、环境友好理念，着力提升资源开发循环利用能力，千方百计占据产业价值链高端，增加产品附加值。

研究统筹长江经济带发展的定位点是上升为国家区域发展

战略。秦尊文[33]系统梳理了长江经济带、湖北长江经济带战略的背景、过程以及相关规划文本，指出长江经济带概念的提出既与"长江产业带"有渊源，也与"湖北长江经济带"有直接关系。1984年，交通部组织专家考察长江干流和汉江、湘江经济发展。湖北省社会科学院专家参加有关方面调研，就湖北长江经济发展问题提出"长江产业带"等建议，引起领导重视。1984—1985年，中国生产力经济学会提出"长江产业密集带"，它承东启西，是我国国土开发和经济布局 T 形空间结构战略中一条重要的发展轴，它与沿海经济带共同构成了我国经济发展的黄金走廊。1985年，湖北省社会科学院筹建全国第一家流域经济研究机构——长江流域经济研究所。1986年，陆大道院士提出"点—轴系统"理论和 T 形空间结构战略[34-35]，将我国海岸地带和长江沿岸抽象成两根线条，这两根线条定位为指引我国国土资源开发和经济社会发展布局的简明轴线，可谓大道至简。该观点被明确写入到《全国国土总体规划纲要》，并获得学术界广泛引用和推崇。1988年，湖北省率先提出了"湖北长江经济带开放开发战略"。1989年，张思平编著的《长江经济开发战略》[36]提出的以反梯度开发为补充的长江综合开发模式，在当时引起较大反响。1993年，陈文科提出"牵一江而动全国"的江海一体战略，包括"龙头腾飞"战略、"双流交汇"战略、"三龙合一"战略和"都市崛起"战略[37]。1995年8月，安徽省发布了《安徽省长江经济带开发开放规划纲要》，同期"江苏沿江开发""四川沿长江经济带"均被提出。1995年9月通过的有关国民经济和社会发展"九五"计划和2010年远景目标的建议提出：依托浦东开发开放战略、"长三角及长江沿江地区经济"以及"建设以上海为龙头的长江三角洲及沿江地区经济带"等战略构想，长江经济带迎来了第一个黄金时期。1997年，"加快长江经济带综合开发的思路研究"的课题列入了国家计委宏观经济研究院重点课题研究计划，提出一份总报告和6份专题报告，在此基础之上提出了关于"十五"时期实施长江经济带综合开发战略的建议[38]。进入 21 世纪以来，包含西部大开发、振兴东北、中部崛起战略和东部加快发展的四大板块区域发展格局日趋稳定。在此情况下，各界仍然不懈努力，沿江部分省市大力推进长江经济带战略。2006 年，皖江城市带被国家划定为中部地区崛起战略重点发展领域；2008 年 12 月，湖北省决定实施"湖北省长江经济带新一轮开放开发"。2011 年《全国主体功能区规划》确立了"两横三纵"的国土开发总体格局，长江经济带为"两横"之一。2013 年以来，关于长江流域的发展受到各级领导人的关注，长江经济带又成为热点问题。

除了学术界对长江经济带进行理论研究和探索外，新闻界也着力对长江经济带进行实地调研和分析。2014 年 12 月，新华社到沿江省市展开调研，系统梳理了长江经济带建设的现状、特点以及存在问题。《经济参考报》以"疏浚长江经济带"为主题，5 个整版连续报道，分别推出《转移企业漫天要价骗补骗税》《地方政府滥卖长江岸线资源》《"诸侯经济"阻碍长江产业链自然延伸》《长江管理体制改革成了"烂尾工程"》《"砂霸"与地方政府分食长江采砂暴利》等系列报道[39]，全景式分析"布局误区""升级困境""开发乱象""体制积弊""生态痼疾"等长江经济带建设中的问题及深层原因，内容鲜活生动，直指问题核心。在调研过程中，《经济参考报》记者采访了许多专家学者，从驱动长江经济发展新引擎、发挥三大航运中心辐射作用、研究制定《长江法》、综合治理流域生态环境等方面提出对策建议，着力破除长江经济带发展面临的"有形梗阻"和"无形关卡"，提出用"三个经济学"来深化推进长江经济带发展，即水通道经济学、水资源经济学、水生态经济学[40]。

■1.3.2　产业转移相关研究现状

当前国内外关于产业转移的研究主要集中在测度、影响因素、绩效评价以及如何有效促进产业更加有序健康转移等诸多方面。总体看来，国外研究国与国之间产业转移、国内研究东中西经济大板块之间的产业转移成果较多，涉及长江经济带产业转移的相关研究常散见于四大经济板块区域产业布局优化之中。鉴于此，本部分文献主要选取与研究内容更为接近的国内文献进行分析。

1. 产业转移的定量测度

在国际产业转移研究中，学者们对产业转移的测度往往参考跨国公司的对外投资水平。对外投资是一种前导性指标，能够为投入国或地区带来产业规模的变化。在我国，由于统计年鉴中有投资方面的数据，故这种指标也常常被国内学者使用。例如，吕政[41]、戴宏伟[42-43]就采用外资企业数量、外国直接投资总额等指标来定量测度国际产业转移。张帆[44]指出，英国工业革命标志着现代制造业的诞生，之后制造业在各大洲之间持续不断地转移。制造业转移从英国开始，东西对进，两条路线在中国对接。其中，西进路线比较成功，是近代制造业转移的主线，而东进路线总体上是失败的，但为所经过地区的后续发展奠定了基础。

近年来，国内区域产业转移持续进行，研究者测度产业转移规模和程度的兴趣也与日俱增。例如，陈建军[45]用区域产业竞争力系数的动态变化来判断产业区域转移是否存在。张公嵬等[46]综合采用赫芬达尔指数、区位熵与产业绝对份额3个指标测度中国产业的转移程度。刘红光等[47]采用投入产出表定量测度了区域间的产业转移。杜传忠等[48]用制造业子行业工业总产值占该行业全国工业总产值总额的比重变动来测度区际产业转移，对我国2003—2009年东部、东北地区、中部和西部地区22种行业区际空间分布变化进行了分析，指出大多数制造业呈现出了东部沿海地区份额下降、中西部地区份额增加的趋势，但现阶段我国的区际产业转移还是相对产业转移，绝对产业转移还没有发生，即并没有出现以东部地区产业绝对规模减小、中西部地区产业规模呈现出绝对增加的区际梯度转移现象。张新芝[49]构建了产业转移发生势差度量指标体系，对我国国内区域间产业转移发生的可能性和趋向进行度量和评价。

2. 产业转移的影响因素

Molle、李松杰等[50-51]深入研究了 1970 年 106 家迁出荷兰首都阿姆斯特丹的企业。他们发现，这些企业中有 60% 是因缺乏发展空间而迁出，有 14% 则是难以忍受城市交通过于拥挤而转到其他地方。

Dunning[52]提出企业对外直接投资或者开展跨国经营，需要综合考虑所有权优势、区域优势和内部化优势，而这些优势主要受到产业组织、要素禀赋、交易成本等因素决定和影响。

韦乐等[53-54]对美国的一些跨国公司向发展中国家进行转移的原因进行了分析。他指出，这些跨国公司是为了追求集聚经济和市场规模。发展中国家的集聚经济取决于 3 种因素，分别是工业化发展水平、基础设施质量以及对外资的利用水平等。

Pellenbarg[55]对影响企业迁移的因素进行了探讨。他指出发展空间、交通及劳动市场等因素将影响企业迁移决策，但效果不一样。多数情况下，发展空间不足和交通拥挤将推动企业近距离迁移到城市核心区域周围，而劳动力短缺则将促使企业选择迁移到其他边缘区域。

张弢等[56]提出产业区域转移的推拉理论。他认为产业进行区域转移时同时受到推力和拉力的共同作用。

梁琦[57]以广东为例对产业转移的影响因素进行了分析。该研究指出影响广东产业地理变迁的影响因素包括历史地理、政策制度、市场因素和知识进展 4 个方面。历史地理决定产业地理的初始结构；政策制度引导要素集聚，促进产业地理外生演化；市场因素驱动产业地理内生演化；知识进展与要素集聚互动完善区域分工体系。经济活动最初主要分布在地理条件较好的山岭隘口、沿江平地、沿海平原等区位。随着社会经济技术的发展，自然条件的约束逐步变小，政策、市场和技术等因素在资源空间配置与产业空间分布中的作用越来越大。

杜传忠等[58]提出能够有效促进本区域产业发展的因素，反过来看实际上也就是阻碍本区域产业往其他区域进行转移的因素。固定资产投资所形成的沉没成本和资产专用性、劳动力的跨区域自由流动、综合基础创新能力、东部沿海地区内部经济发展不平衡、相对完善的产业集群等因素，客观上成为东部沿海地区企业向中西部地区转移的障碍性因素。

3. 产业转移的绩效评价

产业转移体现为资源（生产要素）的重新配置，因而，评价产业转移的效果需要了解产业转移后转出地和承接地在经济福利方面是否得到帕累托改进[59]。

按照 Kojima[60]的建议，如果投资国将那些国内已经失去比较优势但在投资对象国内具有或者潜在具有比较优势的产业转移到投资对象，则对投资国和投资对象国而言都是一种福利最大化的选择。从具体实践看，产业转移既有积极效应，也有消极效应。发达国家或地区在将产业转移出去腾出发展空间的同时，也面临着后续产业发展乏力，进而出现"产业空洞化"的问题；而欠发达国家或地区在承接产业时也要考虑给当地带来的资源和环境的压力加大趋势，尤其是要避免污染转移。

陈建军[61]对要素流动、产业转移和区域经济一体化之间的关系进行了深入探讨。他认为，要素流动可以在相当程度上解释我国经济的发展。由于开放，使得要素趋于流动，包括劳动、资本和知识等，从而解决了经济学的最基本问题，也就是如何改变资源配置效率。当大量的农民，包括中国中西部地区的那些劳动生产率非常低下、要素报酬率也非常低的农业人口，离开了农村，来到东部沿海地区城镇和城市，进入制造业和服务业领域，大幅提升了劳动生产率，有效改善了资源配置效率，成为中国经济持续增长的不竭源泉。而产业转移与要素流动紧密相关，是经营资源的转移和企业家资源的溢出，由此带来了企业竞争能力的提高和区域一体化的发展。推进制度改革，加快区域经济一体化步伐，是削减包括区域壁垒和国家壁垒等广义制度成本的关键手段。区域一体化进程为企业跨区域发展和产业转移提供了制度红利，而企业跨区域发展和产业转移又为区域经济一体化提供了动力和纽带，两者之间形成了互动关系，由此推动了区域创新和区域竞争优势的不断提升。

任金玲[62]选取 1992—2011 年相关数据对我国承接国际产业转移的区域不平衡与区域经济发展不平衡之间关系进行了格兰杰因果检验。实证研究结果表明，我国经济发展过程中"区域经济不平衡"和"区域承接国际产业转移的不平衡"两个现象相连。国际产业转移在我国各区域分布的不平衡导致了各区经济发展的不平衡。东部地区承接国际产业转移较早、较多，因而经济发展水平明显高于中西部。但是，这轮产业转移是产业的不完全转移，我国制造业绝大多数在国际产业价值链的低端，即劳动密集型的组装环节和零部件生产环节，所以国际产业转移并未提升我国在产业价值链的位置，并且有"锁定"趋势。

邹璇[63]通过构建一系列涵盖新古典经济学和空间经济学特征的 2 地区、4 部门的均衡模型，对单要素（劳动力）迁移、多要素（资本和劳动力）同时迁移以及产业空间转移对宏观变量的冲击和经济增长的影响进行了分析。他指出，现实中劳动力、资本和企业整体上表现为同向聚集特征，因此可以认为经济遵循规模收益递增规律。在经济规模收益递增情况下，要素转移对于发达地区和欠发达地区将产生相反的影响，这将会带来进一步扩大的区际差异。对于发达地区而言，不仅将受益于要素投入的扩大，还将受益于因生产技术升级而带来的生产函数优化，因此要素转入将促进发达地区产出以更快速度增长。对于欠发达地区而言，要素流出将导致欠发达地区要素投入量减少，而且知识溢入乏力将导致生产技术水平相对下降，因此要素流出将进一步削弱欠发达地区的经济增长势头。但是总体上来看，无论是劳动力空间转移、资本空间转移还是企业空间转移，都能促进宏观经济增长。

杜传忠等[64]认为区际产业转移将产生协同效应，其实现机理包括三个过程，一是在要素流动机制、区位选择机制、产业集聚机制、政府推动机制的共同作用下导致区际产业转移；二是区际产业转移在不同区域之间实现资源配置优化、区域产业结构优化和区域经济增长，产生区际产业转移协同效应；三是通过反馈机制产生新一轮的产业转移协同效应，进而持续循环。

马子红[65]指出产业转移是弥补西部地区资本、技术和制度等"要素势差"的重要手段，产业转移将产生资本积累效应、技术进步效应和制度创新效应，引发传统产业存量优化和新型产业增量提升，推动产业结构调整良性循环，实现产业结构升级。毛广雄[66]指出，追求更多的利润是企业进行产业转移与产业集群的内在动力。区域产业转移与产业集群之间相互影响、相互促进，最终产生耦合关系。

4. 政府和市场在产业转移中的作用研究

马子红[67]认为由于我国的市场化程度还相对较低，单独依靠市场的力量还难以完全实现区际产业转移，政府的干预仍然必不可少。

郑春勇[68]认为，我国政府干预区域产业转移的现象，从新中国成立伊始就一直存在，政府干预非常必要。他指出当前我国区域产业转移呈现出北上、西进和区域整合的态势，中央政府、地方政府都在不同程度上介入了产业转移，并采取了许多干预举措。就中央政府层面来看，总体上呈现出一种层次分明的立体式干预特点，习惯于抓典型，偏重于政策引导，突出国计民生重点行业和特殊领域，在布局上突出重点，错位发展；在方向上从东到西，中部试验，西部推行，中部、西部同时推进。中央政府推进区域产业转移具有 3 种政策传导路径，形成了 3 种作用机制，分别是"中央政府—央企""中央政府—地方政府""中央政府—社会组织—企业"。在地方政府层面，产业转出地政府、产业承接地政府的表现区别较大，政府介入力度有所不同，形成不同的行为模式。

5. 推动产业有序健康转移的思路和对策研究

推动产业转移是实现我国区域经济协调发展的重要途径。如何推进产业转移也是研究者和实践部门着力加强研究的重要内容。

杜传忠等[69]指出，不同区域需要制定不同的对策措施，东部地区要积极推动产业转型升级，增强企业自主创新能力，积极推动资源节约型和环境保护型社会的建设；中西部地区要积极改善投资环境来吸引企业进行产业转移，促进本地区经济发展。

何雄浪[70]提出促进经济发展的因素主要在于要素禀赋质量以及新经济地理学所强调的市场规模因素，虽然要素禀赋数量也能促进经济的发展，但毕竟不起主要作用。因此，降低我国区域经济差距主要在于要扩大落后地区的市场规模与提高要素禀赋质量。

汪彩君等[71]对过度集聚、要素拥挤与产业转移进行了研究。该研究将综合集聚规模指数和产业利润作多项式拟合，结合产业集聚生命周期理论，识别出我国制造业出现过度集聚的行业。然后，利用数据包络分析方法测度拥挤效用。在此基础上，从全要素生产率和产业梯度系数两个方面分析了产业梯度转移的可行性，得出我国制造业在全国进行产业梯度转移的可行路径。

安虎森[72]指出，以区际非均衡力为主要特征的块状经济必然导致聚集力较大的区域不断积累区位优势，因此实现区域协调发展的核心就是打破这种循环累积因果关系。他提出了打破这种不断积累区域发展差距的 2 条途径,一条是尽可能减弱区际非均衡力;另一条是尽可能降低区域一体化程度。减弱区际非均衡力,就是通过扩大欠发达地区的产业份额或消费份额来放大市场规模,扩大产业份额既包括该区域自身发展也包括引进外资和国内厂商的转移,扩大消费份额则需要国家对欠发达地区实施转移支付政策。由于区域一体化程度是由不同区域之间各种政策的一致性程度所决定的,因此降低区域一体化程度是指要实行差异化的政策,包括东西有别的财政、金融信贷、产业、资源、土地、人力资本政策等,不要过度宣扬经济一体化。

郑春勇[73]从政府干预对区域产业转移所产生的影响及其存在的问题出发,提出了关于政府如何更好地促进区域产业转移的若干政策建议。包括为了更好地推动我国区域产业转移,应该着力处理好中央政府、地方政府、企业之间的关系,具体而言就是分层定位各级政府的职能,促进部际合作、规范地方政府间竞争,加强省部合作,发展良性互动的政企关系。在操作层面,应该根据产业转移成熟度来选择政府干预时机,在区际产业转移的不同阶段发挥不同的政府作用,同时加强转出地政府与承接地政府之间的合作,把握好政府干预的合理限度。

1.4 小 结

长江经济带产业转移问题是长江经济带 9 省 2 市产业发展面临的实际需求,研究长江经济带产业转移问题是指导我国东中西互动纵深开展的迫切需要。但是,目前从长江经济带和产业转移两个研究领域的研究现状来看,虽然已经出现了较多的研究和理论积累,但是将二者结合起来,研究长江经济带产业转移问题的交叉研究则刚刚破题,亟待深入探讨。国内学者研究东中西互动产业转移较多，研究点、面局部较多，研究经济带产业转移不多。区域经济发展重要的规律是由点到面、由面到圈、由圈到带、由带到全局，长江经济带产业转移问题研究的是区域中观层次的问题，承上启下，重要性无须赘言。

第 2 章

理论基础及基本模型

2.1 相关理论基础

■ 2.1.1 比较优势理论

初期，国外学术界研究产业转移问题时通常研究的是国家之间的产业转移。一般情况下，认为产业之所以会发生转移，是因为不同国家产业之间的相对优势出现了变化。

英国古典经济学家亚当·斯密[74]在《国富论》中提出"绝对利益理论"，提出各国从自身比较优势出发，最有效地对资源和资本加以利用，在此基础之上开展自由贸易。这样一来，总体上看，就会大幅提升劳动生产率，进而增加全社会物质财富。

Ricardo[75]对斯密的思想进行了延伸。他提出比较优势理论，即"两优择其甚，两劣权其轻"。例如，在酿造葡萄酒上，葡萄牙具有相对比较大的优势（葡萄牙酿造葡萄酒的成本与英国相比是 2∶3，但生产毛呢成本与英国相比是 4∶5）。在毛呢的生产上，英国具有较大的比较优势（英国生产毛呢消耗的成本与葡萄牙相比是 1.25∶1，而酿造葡萄酒消耗的成本与葡萄牙相比是 1.5∶1）。这个时候，虽然葡萄牙在酿造葡萄酒和生产毛呢的成本都比英国低，但如果按照比较优势理论进行分工，只要葡萄牙选择酿造葡萄酒，英国选择生产毛呢，然后两个国家进行产品互换，则这两个国家都能获得贸易利益。

筱原三代平等[76-78]发展了 Ricardo 的静态比较成本说，提出动态比较成本说，认为一国的比较优势或劣势是变化的，需要借助国家的干预力量形成动态比较优势，政府应对那些潜力巨大且对国民经济有重要意义的产业进行扶持。根据这个理论，日本政府出台了对促进若干幼小产业的政策措施，很快就在很多行业的实践中取得了很大成功，最具有代表性的是汽车工业[79-80]。在这些保护扶持幼小产业政策的支撑下，日本的汽车工业在日本出口产业中很快就跃居第一位，汽车产量从 1955 年的 6.5 万辆迅速增加到 1980 年的 1 140 万辆。

Akamatsa[81-83]发现，明治维新后，由于日本经济复苏的原因国内对于棉线、棉制品等需求量迅速上升，进口也随之增加；不久，国内棉线、棉制品等产量猛增，逐步取代进口；再不久，国内棉线、棉制品等产量继续增加；再经过一段时间，开始具备出口能力，并开始扩大。Akamatsa 将一个国家的产业成长阶段划分为“进口”“进口替代”“出口”3 个阶段，把这种由进口到能够独立自主生产替代，由独立自主生产替代到具备出口优势的产业演进过程命名为“雁形”。后来，伴随着研究的进一步深入，Akamatsa 又发现不同行业间产业演进过程具有一定的先后顺序：“雁形”产业演进形态的变化首先从棉纺品开始，而后是纺织机械等，也就是先消费资料后生产资料，或者是先轻工后重工。Akamatsa 将这种变化规律命名为“雁形的变化型”，提出一国的产业结构升级顺序依次是劳动或资源密集型升级、资本密集型升级和技术密集型升级。Yamazawa 等[84-85]将“雁形”理论进行了延续和发展，将原“雁形”的 3 个阶段增加 2 个阶段，认为产业演进包括“先引进”，再“进口替代”，进而“出口成长”，再“成熟”，最终实现"逆进口"等 5 个阶段。

Vermon[86]提出"产品生命周期理论",该理论赋予产品生命,并将产品的生命划分为 3 个不同的阶段:首先是形成"新产品",而后不断"成熟",最后成为"标准产品"。当产品进入到不同的生命周期阶段,企业需要在不同地区之间适时转移产业。这些地区具有不同的要素丰裕度,能够有效克服产品因处于不同生命阶段所具有的劣势。

Wells[87]对 20 世纪 60 年代发达国家与发展中国家发生产业转移的原因进行了考察。他关注的重点是非熟练劳动密集型产业,认为导致该轮产业转移的主要原因是 1945 年以后发达国家人口几乎没有增长,进而带来劳动力数量紧缺、成本上升。

小岛清等[88-90]主张"边际产业转移论"。他建议日本的对外投资应当从那些日本国内即将丧失或已经丧失比较优势的行业开始。到东道国投资的主要目的应该是为了获得东道国国内占据相对优势的原材料和中间产品。这样一来,就能够同时发挥日本投资母国和东道国双方的比较优势,取得共同利益。

Balassa 等[91-92]提出比较优势阶梯论。他发现,不同国家在国际贸易和国际分工中客观上存在着不同的比较优势,而且这种差别性也是随时间而变化的。他将当时处于不同发展阶段的国家和地区归入 4 个不同阶梯:发达国家,如美国、日本等,归于第一阶梯;新型工业化国家和地区,如亚洲"四小龙"、巴西等,归于第二阶梯;次级新兴工业化国家和地区,如东盟(不包含新加坡)、中国和印度等,归入第三阶梯;其他发展中国家和地区,归入第四阶梯。不同阶梯国家和地区之间的产业存在层次递进相关关系,首先第一阶梯和第二阶梯中的发达国家和新兴工业化国家和地区,充分发展各自的新兴产业,同时向第三阶梯、第四阶梯国家转移已经较为成熟并将失去优势的产业;第三阶梯和第四阶梯的欠发达国家和地区承接发达国家和地区转移出来的产业,不断发展,从而迈向更高的经济和贸易发展阶梯;第一阶梯、第二阶梯的国家和地区向第三阶梯、第四阶梯国家和地区产生了溢出。从某种意义上讲，这个规律也是国家和地区之间产业转移的"雁形"。

杜传忠等[93]指出，一方面，区际产业转移和产业分工关系密切，资源禀赋、区位与运输条件、消费者购买力与市场需求水平以及政府产业政策的变化均能导致区际产业分工格局和比较优势的变化，进而引发产业转移。另一方面，区际产业转移的深化又将推动产业分工的发展和深化。

■ 2.1.2　空间经济学理论

人类的生存与发展以经济活动为前提条件，而人类的经济活动依附于时空而存在，人类离开时空的经济活动难以想象。空间经济学的研究以产业集聚为核心内容。产业转移的实现离不开产业发展、产业扩散和产业集聚等子过程，故也可将产业集聚的动因归结为产业转移的动因。

19 世纪末，德国完成了第一次产业革命并迅速成为第二次产业革命的策源地之一，产业的大发展使得产业迁移和工业布局问题为学者们所重视。

1909 年，韦伯出版了《工业区位论》[94]，该著作系统地建立了一系列概念、原理和规则，对一般区位理论进行了表述。面对制造业规模庞大的迁移，韦伯试图解决 2 个问题：什么原因使得某个工业从一个地区转移至另一个地区？决定迁徙的一般性经济规律是否存在？韦伯将影响工业区位的因素划分为区域性因素和集聚因素。他认为，区域性因素决定工业在各个区域之间的布局，而集聚因素决定厂商在工业区域内的布局。区域集聚力和分散力相互作用直至均衡的过程将促使工业在某个地方集中。区域技术发展水平、劳动力成本、市场因素及经济环境变化等因素将持续积累成集聚力，而随市场主体集聚而带来的区域地租上涨等则产生分散力[95]。韦伯将企业外部经济等同于集聚经济，指出区域内所集聚企业的规模、种类、结构将对集聚能否产生集聚经济效益起到决定性作用。

1920 年，Marshall[96]提出工业区位源于知识溢出（"商业秘密虽已不再是秘密，但仍像从前那样悬而未定"）、为专业技能创造固定市场的优势以及与巨大的本地市场相关的前后向关联。1933 年，Christaller[97]在《德国南部的中心城市》一书中系统地阐述了中心地理论。中心地理论的核心内容是探讨区域内城镇等级、规模、职能的相互关系以及布局空间结构规律性[98]。1939 年，Lösch[99]在《区位经济学》一书中将一般均衡理论引入到空间经济研究。

1949 年，普雷维什[100]提出了"中心-外围"理论。他认为世界经济中，国家可以划分为"中心"国家和"外围"国家，"中心"国家拥有先进技术水平，而"外围"国家技术创新能力差，经济发展落后。他认为"外围"国家在经济发展压力的推动下，实行进口替代战略是不得已而为之，而这些"外围国家"的进口替代在某种意义上说就是引发了国际产业转移。

1957 年，Myrdal 等[101-102]提出"因果累积"的观点。与以往学者观点不同，Myrdal 明确提出市场力不但起不到缩小地区差距的作用，相反还将扩大地区之间的差异。也就是说，如果一旦一个地区的发展速度领先所有地区平均发展速度，则与那些发展缓慢的地区相比，这个领先的地区将获得相对较多的累积竞争优势，其他地区的发展因此而受到影响和遏制。随着时间的积累，不发达地区将面临着越来越多的阻碍发展的不利因素。该观点本质上是认可先发优势。

1958 年，Hirschman[103]在《经济发展策略》一书表达了与 Myrdal 接近的观点。Hirschman 提出了"涓滴效应"与"极化效应"两个概念，形成了"核心与边缘区理论"。该理论指出，区域核心区的发展将产生扩展效应。扩展效应持续发酵，将带动边缘区的发展。然而，尽管"极化效应"与"扩展效应"会同时起作用，但在市场机制自发作用下，由于资本的逐利性，"极化效应"将发挥主导作用。要改变这种情形就需要采用政策手段干预。区域经济发展需要在国家宏观经济政策的引导下，有针对性地实现协调可持续发展。在这种"不平衡增长"模式下，一个国家要着重关注那些会产生联系的产业环节。Hirschman 区分了产业的前向联系与后向联系：某产业具有前向联系是指投资该产业能进一步带动对该产业下游的投资；某产业具有后向联系是指投资该产业将会带动对该产业上游的投资。

20 世纪 70 年代，收益递增革命在产业组织研究领域风起云涌。1977 年，迪克西特和斯蒂格利茨在《垄断竞争和最优的产品多样化》一文中建立了 D-S 模型[104]，以严谨、规范的形式表述了垄断竞争，赋予人们处理规模收益递增以及不完全竞争等问题新路径、新工具、新技术[105]。而后，在经济学领域相继形成了产业组织理论、新增长理论、新贸易理论和新经济地理理论，被称之为规模收益递增和不完全竞争革命的四次"浪潮"。

1991 年，在 D-S 模型基础上，克鲁格曼构建了一个含有"运输成本"和"规模经济"的两地区"中心-外围"（也称"核心-边缘"）模型[106]。"中心-外围"模型是空间经济学的基本模型，该模型假设农业部门和制造业部门使用的生产要素只包括劳动力一种。劳动力分为农业劳动力和制造业劳动力，其中农业劳动力难以在区域间进行流动。而制造业部门使用的劳动力在真实工资差异的基础上流动，故制造业部门劳动力的流动就成为集聚的基本来源。"中心-外围"模型对产业集聚现象描述如下：起初，贸易自由度很低，生产和人口呈现出较为稳定的分散布局结构；随着时间的积累，运输成本不断下降，但对人口和生产的空间分布初期影响不大，感受不到；当运输成本继续下降，低于临界值的时候，从事工业的人口将开始向核心区域迁移，随后，核心区域的工业开始集聚并不断加强，这个过程难以避免，一触即发，大势所趋，很快将会形成工业核心区和农业边缘区；这种核心-边缘型空间结构将在一定时期内保持稳定。这个理论对于解释全球范围的爆发式推进的城市化进程、大城市迅猛发展但是城市周边乡村人口大幅减少等现实情况具有重要意义。

同时期，伦敦大学的经济学教授维纳布尔斯也开始将新空间经济学的模型应用于国际经济问题的研究。1991 年 11 月，在波士顿召开的北美地域学会上，宾夕法尼亚大学城市经济学教授藤田昌久认识了克鲁格曼，三方开始合作研究，以他们为中心的有关空间经济学初始阶段的研究基本上在 20 世纪 90 年代上半期完成。1996 年，他们 3 人在东京召开的一次小型国际会议上，商定将他们的研究整合成为一本大学研究生院水平的专著。同年 6 月，3 人在伦敦进行了整整一个月的封闭式研究和讨论，决定了写作的框架，以后不断地通过书信和电子邮件的联系，以及差不多每半年一次的共同作业，3 年后，1999 年由 3 人合著的《空间经济学》出版，引起学术界对空间经济学的空前关注。

空间经济学的形成是主流经济学同经济地理学的融合创新。空间经济学认为，经济活动最典型的地理特征是集聚。在集聚的过程中有 3 种效应发挥作用，即本地市场效应（home market effect）、生活成本效应（cost of living effect）和市场拥挤效应（market crowding effect）。本地市场效应是指垄断型企业选择市场规模较大的区位进行生产的倾向；生活成本效应反映企业的区位选择对消费者生活成本的影响；市场拥挤效应是指企业过度集中会产生不利影响，垄断竞争企业倾向于选择竞争者较少的地区。产业区位的形成源于某些特殊的历史和偶然事件，而循环累积过程则像滚雪球一样，越滚越大，将促使该区域的某些产业长时期被锁定，竞争优势得到保障[107-108]。本地市场效应和生活成本效应是集聚力的来源，市场拥挤效应则形成分散力。在本地市场效应和生活成本效应的共同作用下，劳动力在不同地区间进行迁移，"循环累积因果关系"发挥作用，产业集聚过程得到自我强化。但如果一个地区的厂商或消费者持续增加，彼此间就会进行激烈的竞争；其他地区由于厂商和消费者减少，竞争趋于减弱，吸引力得到增强，这将会引发产业集聚区向外围地区扩散，进而发生了产业转移。

目前已经发展成熟的空间经济学模型主要有两大类、3 种类型[109]。两大类主要是指经济关联和知识关联；3 种类型是指把经济关联模型又划分为第一类经济关联模型和第二类经济关联模型，再加上知识关联模型[110]。第一类经济关联模型遵循克鲁格曼核心-边缘模型思路，采用迪克西特-斯蒂格利茨的垄断竞争一般均衡理论分析框架；用两个层面的效用函数来表示消费者的偏好，包括工业品集合和农产品的消费，采用柯布-道格拉斯型效用函数模型化，其中，多样化的工业品组合的消费利用不变替代弹性效用函数来表示；交易成本为"冰山交易成本"。第一类经济关联模型主要包括自由资本模型（FC 模型）[111]、资本创造模型（CC 模型）[112]、自由企业家模型（FE 模型）[113-115]、局部溢出模型（LS 模型）[116]、全局溢出模型（GS 模型）[117]、核心-边缘垂直联系模型（CPVL 模型）[118-119]、自由资本垂直联系模型（FCVL 模型）[120]、自由企业家垂直联系模型（FEVL 模型）[121]以及知识溢出双增长模型[122]。第二类经济关联模型是线性模型，效用函数为准线性二次效用函数，运输成本采用线性函数。第二类经济关联模型不再使用柯布-道格拉斯型效用函数和不变替代弹性效用函数以及"冰山型"运输成本假设，进而摆脱了困扰核心-边缘模型的非线性求解关系。由于准线性二次效用函数的一阶条件满足线性关系，因而大大简化了模型，并且长期均衡下的内生变量也可以得到显性解。第二类经济关联模型主要包括线性自由资本模型（LFC 模型）和线性自由企业家模型（LFE 模型）[123-124]。分别以垄断竞争-不变替代弹性效用函数-"冰山交易成本"框架和线性函数为特征的上述两种模型构筑了新经济地理学理论的微观基础，形成了经济关联方面的基本模型体系。最近，Berliant 等[125-126]建立的模型则很可能将引领关于"知识关联"的研究，代表新经济地理学未来的发展方向。

丁建军[127]对产业由一个核心地区向多个外围地区转移的规律进行了归纳。他提出最先发生转移的是关联度最弱的产业，但是速度较慢，而且转移过程中时常会出现交叉反复的现象；转移时间较晚的产业是关联度最强的产业，虽然时间上滞后，但是由于该类产业很强的前后向联系，其转移的速度也最快。具体而言，一是劳动密集型产业首先转移；二是后转移产业的转移速度快，并有可能不连续；三是消费指向的产业首先从集聚体转移；四是中间品投入少的产业首先转移。

关于空间经济学对产业转移动因所作出的解释，其实质还是为了节约发展成本而出现的转移活动。产业集聚能够形成集聚效应，可以节约各种企业经营成本的效果，从而吸引外部产业转移，减缓产业转移出去。当然，产业集聚到一定程度后也会出现产业集聚的不经济，这时将迫使产业转移到新的集聚区。可见，基于产业分工的比较优势动因和基于空间经济学尤其是产业集聚理论的产业转移动因、内涵和本质基本是一致的。

2.2 基于偏离-份额法的长江经济带产业转移增量分解

偏离-份额分析法视省域经济发展为一个动态的过程，以全国经济发展为参照系，将省域自身经济总量的变动按影响因素进行分解，以此说明区域经济增长和滑落的原因，进而评价省域经济结构优劣和自身竞争力的强弱，确定省域未来经济发展的合理方向[128]。其中，影响省域经济总量变动的因素如下：

（1）产业基础因素。反映以全国 GDP 名义增长率为基准，各省域按照此增长率时所应达到的水平，更多的是反映产业基础或者历史情况对现在的影响。

（2）产业结构因素。反映省域产业结构对产业增长的影响。

（3）产业竞争力因素。反映省域产业竞争力优势对经济增长的影响。

用公式表示为

$$G_i = B_i + S_i + C_i \tag{2.1}$$

$$B_i = \frac{E_t}{E_0} \cdot e_{i0} - e_{i0} \tag{2.2}$$

$$S_i = \sum_{j=1}^{n} \left(\frac{E_{jt}}{E_{j0}} \cdot e_{ij0} \right) - \frac{E_t}{E_0} \cdot e_{i0} \tag{2.3}$$

$$C_i = e_{it} - \sum_{j=1}^{n} \left(\frac{E_{jt}}{E_{j0}} \cdot e_{ij0} \right) \tag{2.4}$$

$$G_i = e_{it} - e_{i0} \tag{2.5}$$

式中：G_i 为省域 i 在计算期内的地区生产总值的增长总量；e_i 为省域地区生产总值；E 为全国国内生产总值；i 为第 i 个产业；0 为基期（年）；t 为末期（年）；B_i 为省域 i 产业基础同步分量，反映省域按照基期份额和全国增长速度应该达到的增长量；S_i 为省域 i 产业结构偏离分量，反映省域产业结构对省域经济增长偏离全国水平的影响，$S_i > 0$，则表示省域产业结构合理，促使省域经济总量增长较快，$S_i \leqslant 0$，则说明省域产业结构不合理，不仅没有对省域经济总量有贡献，反而拖了后腿；C_i 为省域 i 产业竞争力偏离分量，反映省域产业竞争力对省域经济增长偏离全国水平的影响，是所有除产业结构外其他所有影响省域偏离的共同影响的结果，$C_i > 0$，省域产业竞争力高，相反 $C_i \leqslant 0$，则说明省域产业竞争力低。

表 2.1 为 2005—2013 年长江经济带地区生产总值增量分解表。从 2005—2013 年 B、S、C 排序可见，上海、江苏、浙江产业基础和产业结构对地区生产总值贡献较大，但产业竞争

力弱化；而长江中上游省份虽然产业基础和产业结构较弱，但产业竞争力明显强化。

表 2.1 2005—2013 年长江经济带地区生产总值增量分解表

地区	2005 年地区生产总值/亿元	2013 年地区生产总值/亿元	地区生产总值增量/亿元	B	S	C	B 排序	S 排序	C 排序
上海	9 154	21 602	12 448	19 003	1 573	-8 128	3	1	11
江苏	18 306	59 162	40 856	38 000	125	2 731	1	3	5
浙江	13 438	37 568	24 131	27 895	1 162	-4 926	2	2	10
安徽	5 375	19 039	13 664	11 158	-144	2 650	7	9	6
江西	4 057	14 339	10 282	8 421	-116	1 976	8	8	7
湖北	6 520	24 668	18 148	13 535	-244	4 858	5	10	1
湖南	6 511	24 502	17 990	13 517	-267	4 741	6	11	2
重庆	3 070	12 657	9 586	6 374	92	3 121	10	4	4
四川	7 385	26 261	18 876	15 330	-107	3 652	4	7	3
贵州	1 979	8 007	6 028	4 108	-38	1 958	11	6	8
云南	3 473	11 721	8 248	7 209	57	982	9	5	9

表 2.2 为 2005—2013 年长江经济带第二产业增加值增量分解表。从 2005—2013 年 B、S、C 排序可见，上海、江苏、浙江产业基础对第二产业增加值贡献较大，但产业结构和产业竞争力弱化；而长江中上游省份虽然第二产业产业基础较弱，但产业结构和产业竞争力明显强化。

表 2.2 2005—2013 年长江经济带第二产业增加值增量分解表

地区	2005 年第二产业增加值/亿元	2013 年第二产业增加值/亿元	第二产业增加值变化/亿元	B	S	C	B 排序	S 排序	C 排序
上海	4 453	8 028	3 575	8 239	-210	-4 454	3	10	11
江苏	10 355	29 094	18 739	19 160	-212	-209	1	11	9
浙江	7 166	18 447	11 281	13 260	-32	-1 947	2	9	10
安徽	2 221	10 404	8 183	4 110	144	3 928	7	3	4
江西	1 917	7 671	5 754	3 548	243	1 963	8	1	6
湖北	2 810	12 172	9 362	5 199	42	4 120	5	7	2

续表

地区	2005 年第二产业增加值/亿元	2013 年第二产业增加值/亿元	第二产业增加值变化/亿元	B	S	C	B 排序	S 排序	C 排序
湖南	2 597	11 517	8 921	4 805	103	4 013	6	4	3
重庆	1 259	6 398	5 139	2 330	90	2 719	10	5	5
四川	3 067	13 579	10 512	5 675	183	4 653	4	2	1
贵州	827	3 244	2 417	1 530	15	872	11	8	7
云南	1 433	4 928	3 495	2 651	85	759	9	6	8

表 2.3 为 2005—2013 年长江经济带第三产业增加值增量分解表。从 2005—2013 年 B、S、C 排序可见，上海、江苏、浙江产业基础和产业结构对第三产业增加值贡献较大，但产业竞争力弱化；而长江中上游省份虽然第三产业产业基础和产业结构较弱，但产业竞争力明显强化。

表 2.3 2005—2013 年长江经济带第三产业增加值增量分解表

地区	2005 年第三产业增加值/亿元	2013 年第三产业增加值/亿元	第三产业增加值变化/亿元	B	S	C	B 排序	S 排序	C 排序
上海	4621	13 445	8 824	11 551	872	−3 599	3	2	11
江苏	6 489	26 422	19 933	16 222	704	3 007	1	3	1
浙江	5 379	17 337	11 958	13 446	1 008	−2 496	2	1	10
安徽	2 187	6 287	4 099	5 468	−198	−1 171	7	10	9
江西	1 412	5 031	3 619	3 530	−135	224	8	8	6
湖北	2 628	9 399	6 771	6 570	−188	389	6	9	5
湖南	2 640	9 885	7 245	6 601	−222	866	5	11	3
重庆	1 348	5 242	3 894	3 370	−37	562	10	7	4
四川	2 837	9 256	6 419	7 091	−8	−664	4	6	8
贵州	783	3 734	2 951	1 959	−2	994	11	5	2
云南	1 370	4 898	3 527	3 426	73	29	9	4	7

综合表 2.1~表 2.3 内容，总体上看，2005—2013 年长江下游省份地区生产总值和第三产业增加值增长源于产业基础和

产业结构优势，第二产业增加值增长源于产业基础优势；而长江上中游省份地区生产总值和第三产业增加值增长源于产业竞争力强化，第二产业增加值增长主要源于产业结构和产业竞争力双重优势，突出问题是产业基础较弱。

2.3　基于均衡分析的长江经济带省际产业转移战略选择

■ 2.3.1　基本假设

为了分析省际产业转移，考虑甲、乙两省，其中甲为发达省，集聚了较多垄断竞争企业；乙为欠发达省，产业规模相对较小，属于产业承接区。甲省经过相当长的一段时间的产业聚集和发展，市场竞争和拥挤效应开始出现，劳动力工资、土地价格等生产要素成本有上涨趋势；乙省劳动力价格、土地等要素成本相对低廉，交通运输条件改善，区位优势开始逐步显现。消费者从市场上购买的产品 A 在甲省和乙省均有生产基地，产品 A 的产业规模收益递增。为了研究分析的简便，只考虑劳动力一种生产要素。

■ 2.3.2　模型构建与分析

1. 市场需求模型

假设消费者对不同产地的 A 产品的消费效用函数为不变替代弹性函数[129] $U_A = \left[U_甲^\rho + U_乙^\rho \right]^{\frac{1}{\rho}}$，$0 < \rho < 1$，其中 U_A 为消费者消费 A 产品的总效用，$U_甲$ 为消费者消费甲地 A 产品的效用，$U_乙$ 为消费者消费乙地 A 产品的子效用。假设消费者用于消费产品 A 的预算有限为 I，则消费者最大化效用决策模型为

$$\max U_A = [U_甲^\rho + U_乙^\rho]^{\frac{1}{\rho}} \tag{2.6}$$

$$\text{s. t. } U_甲 P_甲 + U_乙 P_乙 = I \tag{2.7}$$

为求上述最优化问题，可构建拉格朗日函数 $L = U_A^\rho - \lambda(U_甲 P_甲 + U_乙 P_乙 - I)$，令 $\dfrac{\partial L}{\partial U_甲} = 0, \dfrac{\partial L}{\partial U_乙} = 0$，则可得 $\dfrac{U_甲}{U_乙} = \left(\dfrac{P_甲}{P_乙}\right)^{\frac{1}{\rho-1}}$，即 $U_甲 = U_乙\left(\dfrac{P_甲}{P_乙}\right)^{\frac{1}{\rho-1}}$，为简洁起见，令 $\sigma = \dfrac{1}{1-\rho}$，则 $U_甲 = U_乙\left(\dfrac{P_甲}{P_乙}\right)^{-\sigma}$，可得，$\sigma = -\dfrac{\ln(U_甲 / U_乙)}{\ln(P_甲 / P_乙)}$，为甲省产品和乙省产品的替代弹性。

则消费者总效用为

$$U_A = \left\{\left[U_乙\left(\frac{P_甲}{P_乙}\right)^{-\sigma}\right]^{\frac{\sigma-1}{\sigma}} + (U_乙)^{\frac{\sigma-1}{\sigma}}\right\}^{\frac{\sigma}{\sigma-1}} = U_乙 P_乙^\sigma (P_甲^{1-\sigma} + P_乙^{1-\sigma})^{\frac{\sigma}{\sigma-1}} \tag{2.8}$$

令 A 产品的价格指数为 $P_A = (P_甲^{1-\sigma} + P_乙^{1-\sigma})^{\frac{1}{1-\sigma}}$，则

$$U_A = U_乙 P_乙^\sigma P_A^{-\sigma} \tag{2.9}$$

为简洁起见，令 $\theta = U_A P_A^\sigma$，则可得 $U_乙 = \theta P_乙^{-\sigma}$，同理可得 $U_甲 = \theta P_甲^{-\sigma}$。

2. 生产计划模型

假设甲、乙省企业在生产经营过程中存在相同的生产成本函数 $C = a + bX$。其中，C 是产品的生产成本，a 是固定成本，b 是变动成本系数，X 是企业生产产品 A 的变动生产要素投入量，W 是变动生产要素基本价格水平。考虑到甲省由于产业集聚水平较高出现了市场拥挤效应，导致企业面临更加激烈的市场竞争和更高的运营成本，故运营成本系数因子为 $E_甲$（$E_甲 > 1$）；欠发达省乙则存在着经营条件改善，运营成本降低等区位优势，设运营成本系数因子 $E_乙(0 < E_乙 \leqslant 1)$；甲和乙省企业利润函数可以描述为 $\pi = P \times X - E \times W \times C$。在市场均衡

的情况下，供给和需求相等，则 $x_甲 = U_甲 = \theta P_甲^{-\sigma}$。企业追求利润最大化，甲省企业生产计划模型为

$$\max \pi_甲 = P_甲 x_甲 - E_甲 W_甲 C_甲 = P_甲 \theta P_甲^{-\sigma} - E_甲 W_甲 (a + b\theta P_甲^{-\sigma})$$

$$(2.10)$$

令 $\dfrac{\partial \pi_甲}{\partial P_甲} = 0$，可得甲省的产品价格水平是：$P_甲 = \dfrac{\sigma}{1-\sigma} E_甲 \cdot$

$W_甲 b$，同理 $P_乙 = \dfrac{\sigma}{1-\sigma} E_乙 W_乙 b$。

3. 产业转移决策模型

假设企业在同一区域内进行产品交易不存在交易成本，而进行跨区域交易则由于运输费用的存在而产生交易成本。跨区域交易成本既包括产品运输过程中产生的实际支出，也包括区域交易壁垒引起的税收、汇率、交易活动等引起的实际费用，影响因素比较复杂，难以建模。Samuelson[130] 提出了"冰山交易成本"的概念，能够简便解决该问题。即目标市场需要一单位产品，由于交易成本的存在，企业必须从产地运出 $1 + \tau(\tau \geq 0)$ 单位的产品才能满足要求，τ 越接近于零，省际交易成本就越低。

假设甲省和乙省的市场需求份额与该省的人口规模及其购买力水平有关，分别为 $\delta_甲$、$\delta_乙$。假设企业的生产是集中在某省，而产品的销售则可在两省进行。则企业在甲进行生产，在甲和乙同时进行销售的销售总收入可以表述为 $R_甲 = P_甲 \delta_甲 x_甲 + \dfrac{P_甲 \delta_乙 x_甲}{1+\tau}$；企业在乙进行生产，在甲和乙同时进行销售的销售总收入为 $R_乙 = P_乙 \delta_乙 x_乙 + \dfrac{P_乙 \delta_甲 x_乙}{1+\tau}$。构建并计算区际产业转移决策模型 $\eta = \dfrac{R_甲}{R_乙}$，将 $x_甲 = \theta P_甲^{-\sigma}$，$x_乙 = \theta P_乙^{-\sigma}$ 分别代入，可以得到

$$\eta = \frac{P_{甲}\delta_{甲}x_{甲} + \dfrac{P_{甲}\delta_{乙}x_{甲}}{1+\tau}}{P_{乙}\delta_{乙}x_{乙} + \dfrac{P_{乙}\delta_{甲}x_{乙}}{1+\tau}} = \frac{(1+\tau)P_{甲}\delta_{甲}\theta P_{甲}^{-\sigma} + P_{甲}\delta_{乙}\theta P_{甲}^{-\sigma}}{(1+\tau)P_{乙}\delta_{乙}\theta P_{乙}^{-\sigma} + P_{乙}\delta_{甲}\theta P_{乙}^{-\sigma}}$$

$$(2.11)$$

将 $P_{甲} = \dfrac{\sigma}{1-\sigma}E_{甲}W_{甲}b$、$P_{乙} = \dfrac{\sigma}{1-\sigma}E_{乙}W_{乙}b$ 代入，可得

$$\eta = \frac{\left(\dfrac{\sigma}{1-\sigma}E_{甲}W_{甲}b\right)^{1-\sigma}[(1+\tau)\delta_{甲}+\delta_{乙}]}{\left(\dfrac{\sigma}{1-\sigma}E_{乙}W_{乙}b\right)^{1-\sigma}[(1+\tau)\delta_{乙}+\delta_{甲}]} \qquad (2.12)$$

进一步整理可以得到区际转移模型的具体表达式

$$\eta = \left(\frac{E_{甲}}{E_{乙}}\right)^{1-\sigma}\left(\frac{W_{甲}}{W_{乙}}\right)^{1-\sigma}\frac{[(1+\tau)\delta_{甲}+\delta_{乙}]}{[(1+\tau)\delta_{乙}+\delta_{甲}]} \qquad (2.13)$$

由式（2.13）可见，甲省企业产业转移决策与销售收入总量变化相关，并受多种因素综合影响。生产要素成本 $W_{甲}$、运营成本 $E_{甲}$、交易成本 τ 趋大，市场份额 $\delta_{甲}$ 趋小将推动企业进行产业转移。

当前，对于长江经济带甲省而言，经济已经发展到一定程度。其一，企业运营成本呈上升趋势，如租金上涨等，而乙省运营成本呈下降趋势，由 $E_{甲} > 1$，$0 < E_{乙} \leq 1$，$\sigma > 1$，则 $\left(\dfrac{E_{甲}}{E_{乙}}\right)^{1-\sigma} < 1$；其二，生产要素价格水平如工资等呈上升趋势，即 $W_{甲} \geq W_{乙}$，$\sigma > 1$，则 $\left(\dfrac{W_{甲}}{W_{乙}}\right)^{1-\sigma} \leq 1$；其三，交易成本 τ 趋大，靠近市场就地生产更加有利可图。此时，企业是否会发生产业转移，主要是取决于市场份额的情况。伴随出口收缩，经济发展更多需要依靠内需拉动，如果长江经济带乙省某产品的市场需求份额大于发达甲省，即 $\delta_{甲} \leq \delta_{乙}$，

$\dfrac{(1+\tau)\delta_{甲}+\delta_{乙}}{(1+\tau)\delta_{乙}+\delta_{甲}} \leq 1$，$\eta < 1$，则 $R_{甲} < R_{乙}$，这种情况下企业将可能选择从甲省转移到乙省。对于长江经济带而言，当前发达省份生产要素成本、运营成本、交易成本均呈现上升趋势，欠发达地区更多需要关注培育市场份额较大的产业，则就能够足以吸引发达省份产业转移。

2.4 小 结

首先，对长江经济带产业转移的理论基础进行详细阐释。其次，基于偏离-份额法分析了长江经济带产业转移的动力源泉。指出长江下游省份地区生产总值和第三产业增加值增长源于产业基础优势和产业结构优势，第二产业增加值增长源于产业基础优势；而长江上中游省份地区生产总值和第三产业增加值增长源于产业竞争力强化，第二产业增加值增长主要源于产业结构和产业竞争力双重优势，突出问题是产业基础较弱。再次，基于省际产业转移机理分析对长江经济带产业转移战略层面关注重点进行了探讨。构建了市场需求模型、企业生产计划模型和产业转移决策模型，展开均衡分析，提出企业产业转移决策与产业转移前后销售总收入变化相关，受多种因素综合影响，如果生产要素成本、运营成本、交易成本趋大，或者本地市场份额减小，则企业将趋向于产业转移。对于长江经济带而言，当前发达省份生产要素成本、运营成本、交易成本均呈现上升趋势，欠发达地区更多需要关注培育市场份额较大的产业，则就能够足以吸引发达省份产业转移。

第 *3* 章

长江经济带发展战略变迁

3.1 长江经济带发展沿革

总体上看，长江经济带的发展受国家经济社会发展水平、宏观政策等多种因素影响，经历了孕育、集聚、均衡、准备、启动、停滞、复苏以及腾飞 8 个阶段。

■ 3.1.1 孕育阶段（鸦片战争前）

孕育阶段的特点是：农业始终是社会经济的重心，长江流域经济发达地区日益向"一区五带"集中，而这些经济核心区带之间联系较少。因此时尚未有长江经济带的概念，故使用长江流域概念，下同。

长江流域历史久远，具有优越的自然条件，人口较多，与黄河流域一样被认为是中华民族的发祥地[131]。距今 100 万年前，也就是旧石器时代，人类就开始在长江流域活动。近年来，长江流域陆续出土了一系列古人类化石，如云南元谋人、湖北郧县人、安徽和县人、四川资阳人等，他们跨越旧石器时代早中晚期，构成一个系列。新石器时代，长江流域开始出现原始农业、畜牧业和制陶业。江西省万年仙人洞出土的栽培稻和陶器，是世界上年代最为久远的栽培稻和原始陶器；湖北城背溪文化遗址中有原始纺轮和石质网坠，有较多数量的牛、鹿、鱼类动物遗骸，能够说明当时手工业、养殖和渔猎已经发展到一定程度[132]。

封建社会时期，尽管王朝更迭频繁，但社会经济一直以农业为中心。长江流域发展农业的自然条件得天独厚，雨量丰沛，气候宜人，农业发达，因此成为我国举足轻重的经济区。隋唐宋期间中原人口开始南迁，推动长江流域社会经济快速发展，是全国漕粮和赋税重要产出区[133]。唐代以前，长江流域内部的相互联系依靠水运。然而，那个时候，造船技术较为落后，还难造出适合于在长江航行的大船。因此，长江流域的经济发展以支流为主，而支流之间的相互联系较少。唐代，长江沿岸扬州、南昌、汉口、成都等较大商业城市开始成长繁荣，人口逐渐聚集。宋代之后，造船技术日渐发达，沿江新兴城市星罗棋布，长江流域开始引领全国经济[134]。到了元明清时，长江流域两湖地区继江南之后实力不断增强，一些城镇工商业开始萌芽和发展。到14世纪末，全国30多座工商业较发达的城市有一半以上位于长江流域，江浙占1/3[135]。

鸦片战争前，长江流域人口、经济持续向"一区五带"集聚。从上游向下游看，分别是以成都为中心的四川盆地经济区，以长沙为中心的湘江经济带，以汉口为中心的汉江经济带，以九江为核心的赣江经济带，以安庆为中心的皖江经济带和以扬州为中心，包括杭州、嘉兴、苏州等城市的运河经济带。这期间，"一区五带"基本上主导了长江流域经济发展，但由于交通等方面的原因，他们之间来往较少。明代万历年间，曾经在长江沿岸一共设立了7个钞关，这些钞关可以对过往船只征税，但总体上看并没有较大的货流量。有据可查，九江钞关万历八年（1580年）的征税量是1.1万两；40年以后，到了天启（1621—1627年）时虽然大幅增长，但也只有5.57万两[136]。

■3.1.2　集聚阶段（鸦片战争至解放初）

集聚阶段的特点是：长江沿岸专业化分工开始发展，初步形成了各次级区域的空间结构核心，铁路逐渐繁荣、水运开始衰落并导致长江沿岸经济布局悄然转型。

1840 年后，清政府与外国签订了《北京条约》《马关条约》等，长江沿岸一些城市被迫开放，长江干流开始转变成为直达世界各地的经济带。1861—1938 年间，外国轮船公司船舶总吨位超过 15 万吨[137]。这期间，长江上中下游城市间贸易频繁，长江流域自给自足的空间经济形态被打破。一是长江沿岸产业开始向专业化分工方向发展。例如，湖南的桐油、安徽的茶叶以及长三角地区的棉花、蚕桑等，生产规模不断扩大。二是长江上中下游各自形成了空间经济核心城市。上海对外开放后，优越的地理位置使得上海同苏州、南京之间的贸易往来日益增加，辐射周边中小城市，迅速吸引了江南地区注意力，成为长江下游经济中心。武汉则紧随其后[138]。晚清重臣张之洞在武汉精心经营，修建京汉铁路，大办教育，大修堤防，发展民族工业，兴办汉阳铁厂、汉阳兵工厂等。武汉一跃"驾乎津门、直逼沪上"，成为长江流域中部中心。重庆市开放较晚，比武汉晚 30 年左右。抗日战争期间，重庆成为陪都。全国各地大量工商资本内迁，重庆迅速崛起，与成都一起成为长江上游地区的两个经济核心。三是长江沿岸经济布局开始悄然转型。1840 年以后，京汉、粤汉、沪杭、浙赣等铁路陆续通车，铁路走向兴盛。铁路运输的高效与便捷直接抢走水运市场，沿铁路线兴起大量新城，引发新的铁路产业带雏形，而水系经济带步入萧条。

■3.1.3　均衡阶段（解放初至 1977 年）

均衡阶段的特点是：封闭发展，均富发展。

20 世纪 50 年代初至 70 年代末，长江流域空间经济形态又发生了较大变化。新中国成立后,国际形势复杂多变。美国、苏联两个大国在全球争夺霸权,开展冷战。新中国百废待举,旧有贸易关系难以维系,建立新的贸易关系又困难重重,不得不走上自力更生的道路。长江流域封闭发展,长江沿岸1936年还有11个海关,1957年至少撤销了10个,仅仅保留上海海关[139]。国家借助行政区组织经济活动,长江沿岸被分别列入华东、华中和西南等3个大经济区。各大经济区包括下面的省级经济区之间以行政区划为界,各自竞相发展,缺乏互补和协作。中央层面,为了化解贫富差距,用计划手段寻求均衡发展[140],均富模式贯穿始终[141]。大批基础设施建设投向内陆地区,明显优化改善了长江中上游的空间经济规模和质量。一批新的经济增长极不断成长,如十堰、株洲、岳阳、攀枝花等城市。长江中上游的交通条件得到改善,全流域经济社会发展差距迅速缩小。

■3.1.4 准备阶段(1978—1991年)

准备阶段的特点为:围绕长江流域的发展,学者们进行广泛的理论探讨,但第一波的长江开发并没有掀起足够壮阔的波澜。

20世纪80年代初,国务院发展研究中心主任马洪提出以沿海地区为"一线"、以长江沿岸为"一轴"的"一线一轴"全国区域发展大战略[142]。80年代中期,中国生产力经济学研究会推出"长江产业密集带",希望能够充分发挥长江沿岸上海、南京、武汉等超级城市或特大城市的辐射和带动作用,链接各自腹地的大中型城市和农村组成经济区共谋发展[143]。80年代末,陆大道院士前瞻性地提出T形区域经济宏观发展战略,沿江与沿海共同被定位为战略轴线,沿海沿江两条轴线相交构成"T"。90年代初,陆心贤从分工协作视角对长江流域经济协调发展进行分析评价,并指出可以从以下几个方面进行改善,即要逐步实现区域经济一体化,要引导行政区主动参与区域经济一体化，要坚持落实"大循环、大联合、大传递"等[144]。

就在理论界热切研究讨论长江流域经济发展的时候，国家也推动了一些具有较大意义的工作。国务院1982年12月起开始筹备设立上海经济区，借以打破区域之间的各种壁垒。1985年2月，重庆、武汉、南京这3个长江沿岸大城市的主要领导非常希望共同对长江黄金水道进行开发利用，他们共赴上海争取到时任上海市长江泽民的支持。当年底，4个长江沿岸大城市的市领导共同见证了长江沿岸中心城市经济协调会的诞生。该协调会影响深远，不断有新的长江沿岸城市申请加入，每两年召开一次会议，目前已经有27个会员城市。最近的一次会议于2014年年底12月在合肥召开，大会的主题就是"共建长江经济带、打造中国经济升级版"。1987年，"T"形结构被《全国国土总体规划纲要（草案）》列为发展主轴线。

然而，这一阶段的长江开发并未出现轰轰烈烈的场面。国家先设立了深圳、珠海、汕头和厦门4个经济特区，但都位于东南沿海；后来又开放了沿海14个港口城市，长江沿岸仅少数城市受益。"T"型战略中的长江轴线发展势头被沿海轴线冲淡。由于计划经济时期行政区经济发展惯性的作用[145]，长江沿岸形成了沪苏浙赣皖、湘粤鄂豫和川滇黔3个相对独立区域[146]。

■ 3.1.5　启动阶段（1992—2001年）

启动阶段的显著特征是：国家明确建设理念，长三角地区迅速发展，而其他区域各自为政，没有开展实质性合作。

1992年邓小平南行提出建设浦东后，国务院迅速响应，构想建设长三角及长江沿江地区经济，长江经济带的发展获得新关注、开启新纪元。国家出台了一系列政策，推动浦东开放开发，上马三峡工程，长江经济带的建设实质性推动。1993年，中国科学院南京地理与湖泊研究所的虞孝感首次提出长江产业带的概念，并对长江产业发展总体布局进行深入分析。1994 年 2 月，由国务院发展研究中心发起，安徽省召开了长江开发开放研究工作会。经济学家马洪对长江经济带的重要地位进行了精辟阐述。他指出未来世界经济最富有希望的新增长区在亚太，亚太的希望在东亚，而东亚的希望则就在以浦东为龙头的长江经济带。浦东开发开放带动了上海大规模的基础设施建设，上海经济动力十足，获得了快速增长[147]；苏南的一些乡镇企业开展了产权改革，催生了一大批现代企业；浙江也大力发展民营经济。长三角区域经济一体化发展，2000 年，长三角 GDP 占全国的比重为 16.3%，比 1990 年的 13% 提高了3 个多百分点。

比较遗憾的是，相较于长三角经济迅速的发展及区域一体化的起步，在这一阶段长江经济带其他各省市经济发展基本没有合作，主要是各城市独立发展，对周边城市的影响也较小。

■3.1.6 停滞阶段（2002—2005 年）

停滞阶段的主要特征是长江经济带发展政策有所弱化，长三角区域一体化趋势加强，长江经济带内中心城市发展为多个增长极。

这一阶段，出于种种原因，长江经济带基本上淡出了人们的视野。长江经济带各省市经济发展存在极端不平衡的现象，产业也有些趋同[148]，走向一体化谈何容易？绝非签订一张合作协议、高喊打破行政区划就能解决得了的问题。2005 年，由交通部牵头，长江沿线 7 省 2 市签订了《长江经济带合作协议》。然而，一方面，众多中西部青壮年劳动力背井离乡选择到东部地区打工，国家固定资产投资项目也大部分倾向东部地区；另一方面，发达地区生产的工业产品又不遗余力地到欠发达地区寻找市场、低价倾销，这对原本就规模小、水平低的中西部本土产业来讲，无疑是巨大的威胁。在产业空间分布上，长江中下游地区各自为战，自成体系，建立分工明确、发挥比较优势的"能源、原材料、初加工、深加工和高新技术产业"的流域产业协调就成了空中楼阁、水中明月。

虽然长江经济带发展的相关政策在这一阶段严重匮乏，但中国加入WTO为长江经济带又带来了很多机遇。第一，有利于吸引外资。全球企业涌入中国市场，沿江地带发挥其区位优势，纷纷改善外商投资环境，更多地引进外国资本、技术和管理经验。第二，能够调整和优化长江沿岸产业结构。长江沿岸产业长期保持经济"二三一"增长，加入WTO有利于充分应用外资改造提升传统产业。第三，有利于经济外向型发展。加入WTO后，长江经济带可以利用外国市场的销售渠道和网络，扩大出口，提升经济增长的质量和水平，进而提高流域经济的国际竞争力。

作为长江经济带的龙头，长三角地区"一体化"发展趋势明显，让龙头昂了起来。2002年起，上海加强与苏浙互动，与上海相邻的杭州、嘉兴、丽水、衢州等城市积极服务上海产业发展，技术、资本、人才发挥溢出效应，紧密合作与交流成为长三角地区各城市发展的共同心声。2003年10月，上海、山东、江苏、浙江、安徽、江西、福建6省1市发布《杭州宣言》，进一步加强区域空间发展战略研究推进，建立新型合作机制。

长江经济带这一阶段的发展以长三角发展为核心，其他省市合作态势并没有显现，但区域性的中心城市发展势头较猛，重庆、成都、武汉等城市成为周边地区的增长极，对周边城市产生溢出效应。其中，以重庆市发展最为典型。2005年，重庆市GDP为3 069亿元，约比2000年翻了一番，地方财政收入为395亿元，约比2000年翻两番，这些为重庆未来的发展打下了坚实的基础。

■ 3.1.7　复苏阶段（2006—2012年）

复苏阶段的主要特征是长江经济带的重要作用得到再认

识，长江经济带中城市组团发展，合作与集聚初步形成。

自 2006 年起，中央及各地方政府重新关注并逐步强调长江经济带发展的重要性，最终将其确定为国家战略。2006 年 4 月，中共中央、国务院出台的《关于促进中部崛起的若干意见》明确要求加快发展沿长江经济带。从某种意义上说，长江经济带的新一轮开放开发正式提到国家战略高度。2007 年 8 月下旬，上海市委书记习近平带队赴苏浙学习考察。在考察总结大会上，习近平发出感慨："人家称上海市'老大哥'，我们更多地要换位思考，考虑人家的利益。不能在一些蝇头小利上斤斤计较，纠缠不休，那是非常短视和狭隘的；更不能以邻为壑，试图独占利益，不容人家分一杯羹，那样最终也会损害自己。"2008 年年底开始，湖北省提出"两圈一带"战略，希望通过建设湖北长江经济带综合运输通道，努力把长江综合运输效益发挥到极致。2010 年 12 月 21 日，国务院颁布实施的《全国主体功能区规划》明确了我国国土空间开发的三大战略格局。在"两横三纵"为主体的城市化战略格局中，沿长江通道是我国国土空间一级开发轴线，下游的长江三角洲城市群是国家重点推进的三个特大城市群之一，也是世界十大城市群之一；江淮城市群、长江中游城市群和成渝城市群成为国家重点开发的大城市群和区域性城市群。2012 年 12 月，《长江流域综合规划（2012—2030 年）》获批，规划到 2020 年长江流域重点城市水能资源开发利用程度要稳步提高，航运体系不断完善。

这一阶段，长江经济带中城市开始探索组团式发展。随着经济迅速发展，作为增长极的中心城市必须要寻求与外部区域的合作，以实现最优分工和竞争优势。因此，长江经济带复苏阶段，各中心城市相互合作，以城市圈的物质形态实现区域内初步集聚。除去长三角城市群外，中部武汉城市圈、西部城市圈等的发展也较为典型。在中部，武汉与周边 100 千米范围内 8 个中等城市共同组成武汉城市圈，总面积占湖北省的 33%，在 2005 年的中部崛起文件中被列为中部四大城市圈之首，2007 年成为全国资源节约型和环境友好型社会建设综合配套改革试验区。在西部，2004 年，四川省开始构建川渝经济圈[149]，2011 年年初，国家通过了《成渝经济区区域规划》，成渝经济区获得国家层面的支持和认同。

■ 3.1.8　腾飞阶段（2013—）

腾飞阶段的特点为：中国共产党第十八次全国代表大会（简称中共十八大）以来，关于长江流域的发展受到各级领导人的关注，长江流域各区域间合作不断加强。

2012 年 12 月，李克强总理将中共十八大后的第一次基层调研地点选择在江西九江。在九江，专门召开了沿江区域发展与改革座谈会。

2013 年 3 月，李克强当选总理。他倾心关注长江经济，到江苏和上海开展第一次地方视察，主推建设上海自贸区。

2013 年 7 月，习近平总书记到湖北考察，他提出"长江流域加强合作，充分发挥内河航运作用，将长江全流域打造成黄金水道"。9 月，国家发改委报上来文件，李克强总理签批意见，提出区域经济发展的重要规律，即沿海、沿江先行开发，再向内陆地区梯度推进，要求有关方面抓紧落实，深入调研形成指导意见，依托长江这条横贯东西的黄金水道，带动中上游腹地发展，促进中西部地区有序承接沿海产业转移，打造中国经济新的支撑带。

国家发改委迅速行动，2013 年 9 月会同交通运输部召开工作动员会议，准备研究起草《依托长江建设中国经济新支撑带指导意见》。此时，几经沉浮的长江经济带开发再次被国家层面提上议事日程。

2013 年 10 月，一个由国家发改委、交通运输部等领导组成的国家部委联合调研组到长江沿线的 9 省 2 市开展了调研，认真听取意见。

2014 年 2 月，"打造黄金水道、建设长江经济带"被写入政府工作报告。

2014 年 4 月 28 日，国务院总理李克强在重庆召开了座谈会，参加人员包括长江沿线 11 个省市主要负责人，主要讨论长江经济带建设。李总理特别强调，建设长江经济带的目的就是构建沿海与中西部地区良性互动的新格局，依托长江黄金水道，打造中国经济发展的新引擎[150]。

2014 年 9 月 25 日，国务院就依托黄金水道的建设来推动长江经济带发展提出指导意见。在这个指导意见里，长江经济带的范围和定位得到详细阐述。

3.2　长江经济带经济社会发展总体情况

■ 3.2.1　资源丰富的珍宝带

长江经济带属亚热带季风气候区，光热充足，无霜期长，雨量充沛，年降雨量约 1 100 毫米，十分有利于粮、棉、果、桑、林和菜、渔、畜综合农业的发展。长江经济带内有长江三角洲平原、江汉平原和成都平原等 3 大平原；还有洞庭湖区、鄱阳湖区、太湖区和巢湖区等 4 大湖区。这些平原与湖区历来是我国最重要的粮油和农副产品基地，长江沿岸内河湖众多，为发展水产养殖提供了十分便利的条件。

长江经济带内的水资源和水能资源更是首屈一指，长江 2013 年径流量 9 857 亿立方米，多年平均径流量居世界第三（注：本章以下数字如未特别标注，均根据《中国统计年鉴 2014》所得）。从水资源看，2013 年水资源总量为 1.1 万亿立方米，占全国（2.8 万亿立方米）39.5%。长江地势西高东低，落差巨大，水资源丰富，长江干流水能资源理论蕴藏量达 2.68 亿千瓦，占全国的 53.4%；可开发水能资源 1.97 亿千瓦，开发潜力极大。

长江经济带内矿产资源丰富。从主要能源基础储量看，2013年长江经济带9省2市石油0.5亿吨，占全国（33.7亿吨）1.6%；天然气1.4万亿立方米，占全国（4.6万亿立方米）31.1%；煤炭329亿吨，占全国（2 362.9亿吨）13.9%。从黑色金属矿产基础储量看，2013年长江经济带9省2市铁矿50亿吨，占全国（199.2亿吨）25.2%；锰矿1亿吨，占全国（2.2亿吨）45.5%；钒矿629万吨，占全国（909.9万吨）69.2%；原生钛铁矿2.1亿吨，占全国（2.2吨）95.4%。从主要有色金属基础储量看，2013年长江经济带9省2市铜矿1 232万吨，占全国（2 751.5万吨）44.8%；铅矿471万吨，占全国（1 577.9万吨）29.8%；锌矿1 472万吨，占全国（3 766.2万吨）39.2%。从非金属矿产基础储量看，2013年长江经济带9省2市铝土矿2.2亿吨，占全国（9.8亿吨）22.4%；菱镁矿186万吨，占全国（12.1亿吨）0.2%；硫铁矿8.6亿吨，占全国（13亿吨）65.7%；磷矿26亿吨，占全国（30.24亿吨）85.9%；高岭土1.1亿吨，占全国（5亿吨）14.7%。

此外，长江经济带自然风光优美，名胜古迹众多，旅游资源蔚为大观，有奇峰陡立的长江三峡，还有闻名遐迩的九寨沟、黄龙、峨眉山、乐山大佛、青城山、大足石刻、武隆仙女山、武当山、张家界、庐山、黄山、九华山、苏州园林、普陀山、杭州西湖，以及上海的世博园、外滩和迪士尼；既有名山奇水，也有大批人文景观和现代都市景观；在我国算得上是旅游资源分布非常集中并且是质量很高的地区之一，具有巨大的旅游业发展潜力。

■3.2.2　区位占优的便利带

长江经济带是世界上不可多得的既拥有"黄金水道"又拥有"黄金海岸"、黄金交叉的双优区位地区之一[151]。长江横贯我国腹地，承东启西、通江达海，将我国东、中、西三大自然经济带和南、中、北三大区域连接起来，处于我国南北、东西纵横交流的结合部；进而，形成以上海为龙头，陆海一体的"龙"形经济区域；其内陆腹地和发展空间广阔，区位优势明显，战略地位十分重要。

长江水域横跨东西，拥有众多的干支流和港口，水运潜能巨大；长江干线航道 2 838 千米，内河航道里程 9 万千米，占全国（12.6 万千米）71.2%，在我国内河航运系统最为重要和发达，长江水运的突出特点是成本低、运量大。"黄金水道"的名号当之无愧。长江沿岸资源丰富，南北岸线长度近 6 000 千米，作为重要的国土资源，岸线对建设港口、码头、大型工业企业意义重大。同时，长江与沿江铁路、沿江高速公路并行构成东西向的交通干线，并与京广、京沪、京九等南北交通干线交汇，铁路营运里程 3 万千米，占全国（10.3 万千米）28.7%；公路里程 18.9 万千米，占全国（43.6 万千米）43.4%。这些可以说都是长江黄金水道独特、完备的综合交通运输体系优势，铸就了长江经济带强大的经济辐射力和空间影响力。这既有利于促进生产要素在区域间自由流动和产业转移，形成我国以东带西、东中西协调发展的格局；也有利于我国进一步扩大对外开放，特别是内陆地区参与国际经济合作的程度。

■3.2.3　半壁江山的经济带

长江经济带资源富集、经济聚集、城市云集，算得上是一条巨型经济带，在国家经济中占有重要地位。2013 年，长江经济带 9 省 2 市完成地区生产总值（当年价格）26 万亿元，占全国 GDP（56.9 万亿元）45.6%，拉动 GDP 增长 3.5 个百分点；人均地区生产总值 4.5 万元，比全国平均水平（4.2 万元）高出 0.3 万元；地区生产总值分行业看，第一产业完成 2.3 万亿元，占全国（5.7 万亿元）40.6%，第二产业完成 12.5 亿元，占全国（25 万亿元）50.3%，工业完成 10.8 万亿元，占全国（21.1 万亿元）51.2%，建筑业完成 1.7 万亿元，占全国（3.9 万亿元）43.8%，第三产业完成 11.1 万亿元，占全国（26.2 万亿元）42.3%；第一、二、三产业结构比为 8.9∶48.4∶42.7，与全国水平（10∶43.9∶46.1）相比，第二产业占比高，第一产业占比和第三产业占比低。地方公共财政收入 3 万亿元，占全国（6.9 万亿元）43%；税收收入 2.4 万亿元，占全国（5.4 万亿元）43.9%。伴随着长江经济带城镇化的快速推进和产业结构深化调整，其未来发展潜力得到进一步发挥。届时，长江流域城市群将成为中国城镇化的重要载体，而长江经济带将成为中国未来经济发展的重要支撑[152]。

长江经济带的工业基础十分雄厚。长江三角洲在全国综合性制造业基地中规模最大，加工工业和基础工业全面发展，均已经形成了完善的生产体系；其他沿江地区也布局一批关系到国民经济全局的重点企业和重大项目。2013 年，长江经济带在汽车、钢铁、机电、石化、装备制造业、电子、有色金属等领域均拥有国家级生产制造基地。

■ 3.2.4　人口城市的密集带

长江经济带是我国人口与城市最密集的区域之一。2013 年年末，长江经济带带内总人口达 5.8 亿人，约占全国 42.73%；而土地面积达 205 万平方千米，占全国 21.57%；人口密度为 282 人/平方千米，接近全国平均水平的 2 倍。从长江经济带内各省市人口规模及城镇化情况来看，2012 年年底，人口数最多的是四川省，达 8 076 万人，其次是江苏、湖南等，而非农人口数最多的是江苏省，其次是四川、浙江省；各省市中，城镇化率最高的为上海市，达 89.3%，其次为浙江省和江苏省，分别为 63.2% 和 63%。同时，长江经济带城市规模结构多层次，属于我国城市分布最为密集的区域之一。2013 年，按照户籍人口数，城市市辖区年末总人口在 400 万以上的城市 6 个，占全国（14 个）42.9%，200 万~400 万人城市 16 个，占全国（33 个）48.5%；100 万～200 万人城市 35 个，占全国（86 个）40.7%。城区面积 6.9 万平方千米，占全国（18.3 万平方千米）37.6%；建成区面积 1.8 万平方千米，占全国（4.8 万平方千米）38.6%。

目前，已经形成以上海为中心的长江三角洲城市群，以武汉、长株潭、昌九为中心的中部城市群和以重庆、成都为中心的成渝城市群。三大城市群构成了长江经济带发展的强有力的支撑，总面积仅占长江经济带的 24.6%，常住人口占比则达到了 46.8%，地方生产总值占比达到 65.7%，进出口贸易总额占长江经济带的 87.2%，公共预算财政收入占 60.4%。同时，区域内中小城市也得到了迅速发展，并形成了多个区域性的城市群，如皖江城市群、昌九城市群、滇中城市群等。

■3.2.5　智力荟萃的科技带

长江沿岸是中华民族的文化摇篮，具有深厚的人文历史底蕴，繁育出巴蜀文化、荆楚文化和吴越文化三大文化，社会开化，文明进步。同时，长江经济带科技基础雄厚，人才优势突出，长江经济带汇聚了全国 42% 以上的高等学校和在校大学生，数量众多的高等院校、科研院所分布在上海、南京、武汉、成都等中心城市；按省市来分，江苏、湖北、湖南等省高校数量居于前列，而江苏、湖北、四川在校大学生数量位居前列。2013 年，长江经济带 9 省 2 市大专及以上抽样人数占比为 10.8%，高出全国水平（10.5%）0.3 个百分点；本专科毕业生数 271.2 万人，占全国（638.7 万人）42.5%；普通高等学校（机构）1 065 所，占全国（2 491 所）42.8%；专任教师中正高级 7.3 万人，占全国（18.2 万人）40%，副高级 18.4 万人，占全国（43.2 万人）42.5%。区内科技资源富集，科技投入与产出水平较高。2013 年，3 种专利授权数 68.8 万件，占全国（122.8 万件）56%，其中发明 6 万件，占全国（14.4 万件）42.1%，实用新型 36.1 万件，占全国（68.6 万件）52.6%，外观设计 26.7 万件，占全国（39.9 万件）67%；区内汇集的大批高素质人才是建设长江经济带重要的人力资本，而雄厚的劳动力资源和智力资源则是长江经济带再次腾飞的重要力量。

■ 3.2.6　对外开放的实力带

1990 年以来，长江经济带对外开放规模日益扩大，外向经济繁荣程度日益提高。除长三角地区的开放城市和开放地区外，国家又相继批准了三峡库区包括宜昌、秭归、兴山、巴东等为长江三峡经济开发区，开放了芜湖、九江、岳阳、武汉、重庆、黄石、宜昌、万县、涪陵等沿江城市。现在，长江经济带已经拥有 29 个国家级高新技术产业开发区，占全国的32.95%；60 个国家级经济技术开发区，占全国的 44.12%；36 个国家级出口加工区，占全国的 57.14%；3 个国家级保税区，占全国的 23.08%。

从对外贸易额和利用外资额看，长江经济带占全国比重持续上升。1992 年长江经济带进出口总额仅为 297.67 亿美元，占全国的比重为 17.98%；至 2013 年已经增长到 1.8 万亿美元，占全国（4.2 万亿美元）的比重上升为 39.9%。在此期间，除了 2009 年受全球金融危机影响而有所减少外，其余年份均明显增长，在全国的占比不断攀升。1992 年，长江经济带实际外商直接投资 36.21 亿美元，占全国的比重为 32.9%；至 2010 年已经升至 823.4 亿美元，占全国的比重升至77.87%，增长趋势明显，表明外国投资者越来越看好长江经济带的未来发展潜力。

从经济外向度上看，1992 年长江经济带外向度仅为11.10%，远低于全国 17.4% 的平均水平，主要是因为中上游地区对外开放的严重不足。之后，长江经济带对外经济联系越来越紧密，经济外向度与全国的差距不断缩小，2004 年起开始超过全国平均水平，到 2010 年已经达到 28.94%，整体对外

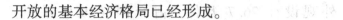

开放的基本经济格局已经形成。

■ 3.2.7 差异发展的起伏带

　　长江经济带区内各省市发展水平整体呈现东高西低。2012年，总体来看，东部省份城镇化率达到 66.1%，远高于中西部地区的 46.8% 和 41.4%。东部地区的人均 GDP 约 64 300元，分别是中部和西部的 2.2 倍和 2.7 倍。对外贸易方面东部地区优势明显，当年实际使用外资和进出口贸易占长江经济带的比重分别超过 55% 和 85%，中西部地区则占比较小且相差不大。交通运输量方面东中西部地区差异不大，客运货运绝对值中部为最。旅客周转量指标中部具有绝对优势，货运周转量方面则是东部占据超过半数的份额，西部的各项数据皆列于末位。近年来，中西部省市经济增速明显加快，2008—2012 年，中西部经济增幅明显快于东部地区，中西部地区与东部地区经济发展水平差距不断缩小；2008—2012 年，东部经济所占比重由 50.06% 下降到 46.16%，而中部和西部则分别由 29.13% 和 20.8% 上升到 31.61% 和 22.23%，但从总体上看，长江经济带内经济发展水平差距仍然存在。

　　通过对 2012 年长三角城市群、中游城市群和成渝城市群等三大城市圈的面积、常住人口、GDP、公共财政预算收入、进出口贸易总额、人均 GDP 等指标的分析来看，长江经济带的内部经济发展存在明显差异[153]。长三角城市群在三大城市群内的地位显著，用了不到 1/7 的面积和不到 1/3 的人口，就创造了三大城市群超过一半的 GDP 和公共财政预算收入，而由于长三角地理位置的优势，长三角城市群的进出口贸易总额是另外两个城市群的 10 倍以上；长江中游城市群在面积和人口指标上位居第一，但是 GDP、公共财政预算收入、进出口贸易总额、人均 GDP 等指标则略显不足，经济产出效率不高；成渝城市圈在各项指标上均位列末位，经济发展规模和发展效率都不高。总体而言，长江经济带内长三角城市群在经济规模和经济产出效率上均较高；长江中游城市群经济规模较高，但经济产出效率较低；而成渝城市群不论在经济规模和经济产出效率上均较低。由此可见，长江经济带内部各地区经济发展水平差异巨大，总体上呈现出自东向西发展水平不断弱化的经济格局。

3.3 长江经济带发展国际与国内环境

当前国际形势复杂多变，我国国内经济发展方式转型调整。借助协调区域发展，打造新的经济支撑带和开放合作新平台，不断提升发展的质量和效益，既是被动应对，更是主动创新。发展长江经济带，既能增加上海和长三角城市群的战略发展空间，也能为长江经济带中西部地区增添新机遇、注入新动能。与丝绸之路经济带等其他国家战略一样，建设长江经济带都将全面提升我国综合竞争力，为我国未来经济新格局提供坚实的保障和支撑。

■ 3.3.1 长江经济带发展国际环境

1. 当前世界经济复苏之路曲折而又艰难

（1）国际金融危机影响深远。2014 年世界各国仍旧处于转型调整期，一些根本性、结构性的问题，诸如"内生增长动力乏力""新经济增长点脆弱""人口老龄化加剧"等并未得到有效解决，尽管美国经济略有复苏，但欧元区经济几近停滞，日本经济出现技术性衰退，大多数发展中国家经济增长趋缓。

（2）全球需求疲弱。从进口看，2012—2013 年全球贸易量增速均低于经济增速，2014 年有所好转，根据联合国预测全球贸易量预计增长 3.4%，比经济增速高 0.8 个百分点，与国际金融危机前 5 年全球贸易量增速是经济增速的 200% 反差强烈。从出口看，各国均致力于增加出口，越来越难以抑制货币贬值的冲击，贸易保护愈演愈烈，区域贸易自由化大有代替全球贸易自由化的趋势。

（3）国际组织开展的协调工作收效甚微。各国货币政策措施严重走向分化，2014年，美国收紧量化宽松，欧元区和日本却加大量化宽松，俄罗斯、巴西分别升息6次、5次，匈牙利、智利分别降息7次、5次。西方和俄罗斯经济上的制裁与反制裁，俄乌冲突、中东局势恶化等地缘政治非经济因素，打压了投资者信心，使得欧元区和俄罗斯的经济大受影响。

2. 未来世界经济不确定性因素依旧较多

（1）发达经济体升息可能导致国际金融市场动荡。如果美国或者英国启动升息，则将带来全球主要汇率的变动，对于其他国家而言，美元或者英镑债务和资本异常流动将随之增加。新兴经济体政策将进入两难境地，一方面需要升息来提升对资金的吸引力；另一方面又要降息降低产品生产成本、提高出口竞争力，带动国内经济增长。

（2）欧洲主权债务危机风险居高不下。2014年，希腊经济增长率为0.6%，但债务占GDP比重已经达到约175%，处于2011年以来欧洲主权债务危机最高水平。希腊极有可能推出欧元区，这将带来诸多不利影响，将会大大削弱欧盟尤其是欧元区影响力和集聚力。对于欧盟和国际货币基金组织而言，他们自2010年以来对希腊援助累计2 450亿欧元，有可能化为泡影；对于希腊而言，退出欧元区将会孤立无援，国内经济形势更加紧张。

当然，世界经济形势也有利好消息。据世界银行预测，2015年世界原油价格均价将比2014年低4成以上。对于原油净进口国而言，是变相降低了成本。

3. 我国经济发展受外部环境的影响将不容乐观

（1）外需增长空间较为有限。全球经济和贸易增长趋缓、贸易保护回潮、汇率调适能力较弱等不利因素难以在短时间内解决，我国出口个位数增长将难以突破。

（2）发达经济体升息将产生负面效应。如前所述，美元、英镑等升值将导致大量逐利性的资金和产业回流，将影响我国投资拉动经济增长的动力。

（3）地缘政治恶化将给我国经济带来直接冲击。近年来，美国"重返亚洲"，试图通过强大的军事和科技实力控制太平洋和东亚地区；日本右倾势力和军国主义有所抬头，解禁集体自卫权，与中国的钓鱼岛之争趋于白热化；东南亚菲律宾、越南等国在西方发达体的支持下，与中国的南海岛屿和领土争端此起彼伏；2014 年从越南、利比亚撤侨，2015 年从也门撤侨，等等。

综上所述，可以说当前国际形势下，我国经济发展面临巨大挑战。为了应对国际形势风云变幻，我国确有必要审视战略发展方向，由重点发展沿海地区逐渐转向沿海与内地协同发展的思路上来。

■ 3.3.2　长江经济带发展国内环境

1. 当前我国经济发展步入新常态

2014 年的中央经济工作会议上，首次明确了我国经济发展进入新常态的九大特征。

（1）消费需求发生变化，模仿型排浪式消费难以为继，个性化、多样化消费将成为主流。

（2）投资需求发生变化，在基础设施互连互通和新技术、新产品、新业态、新商业模式等方面的投资需求十分强劲，迫切需要变革投融资方式。

（3）国际市场发生变化，低成本不再成为比较优势，既有大规模走出去，也有高水平引进来。

（4）生产能力和产业组织发生变化，新兴产业、服务业、小微企业的重要性日益突出，产业组织走向小型化、智能化、专业化。

（5）生产要素相对优势发生变化，人口趋向老龄化，农业富余劳动力减少，要素规模驱动力减弱，创新首当其冲成为驱动发展新引擎。

（6）市场竞争环境发生变化，统一透明、有序规范的市场环境是努力方向。

（7）环境承载能力发生变化，人民群众更加期待良好的生态环境，更加期待 APEC 蓝。

（8）经济风险特征发生变化，高杠杆、泡沫化各类风险的化解尚需时日。

（9）资源配置理念发生变化，全面把握总供求关系变化成为核心。

2. 未来我国经济能够实现中高速发展

（1）当前科技革命、产业变革与加快转变经济发展方式形成历史性交汇。创新驱动发展战略成为当前和未来我国经济发展的一大亮点。深化改革带来新变化，全国各地轰轰烈烈开展大众创业、万众创新。商事制度改革后，每天新注册的市场主体达 1 万多家。

（2）我国区域发展的空间比较广阔。我国将继续实施四大板块的区域主体功能区发展战略，同步实施一带一路、京津冀协同和长江经济带战略，共同构成我国区域协调发展的完整格局，经济发展具有相对较大的韧性和回旋余地。

（3）我国新型城镇化孕育巨大发展空间。提高人口城镇化率是新型城镇化的重要目标，新型城镇化规划提出到 2020 年我国常住人口城镇化率达到 60%，户籍人口城镇化率达到 45%。2014 年我国城镇常住人口 7.5 亿，常住人口城镇化率是 55%；城镇户籍人口 5 亿，户籍人口城镇化率是 36%。要完成此目标，则"十三五"期间城镇化率每年要提高一个多百分点，大概要有一千多万人要进城，将成为稳增长、调结构的重要拉动力。

3. 长江经济带发展战略重启是世界潮流、历史和实力的综合作用

（1）全世界性流域开发热开始兴起。流域经济发展以沿

岸沿线城市的充分发展为支撑点，以沿岸沿线完善发达便利的水陆交通物流体系为基础和纽带，以高效推动沿岸沿线经济一体化综合快速发展为使命。借助于先进的高新技术，以高速铁路、高速公路、城际轨道交通为主的快速交通方式日渐成熟，人们原有的空间尺度概念被重新塑造，沿着大江大河和陆路交通干线进行大范围的生产要素流动与交换再也不是什么难事。世界上一部分发达国家在第二次世界大战后开始了波澜壮阔的现代化进程。他们一致选择流域经济的开发当作发展的战略重点，如密西西比河、莱茵河等。部分发展中国家也不甘落后，兴起了流域经济开发，国际河流跨国、跨文化、跨制度开发也如雨后春笋般呈现，如图们江、澜沧江、湄公河、恒河等，大河流域开发已经成为发展中国家的重要经济发展希望之所在。

（2）长江经济带发展战略重启是历史选择。长江经济带拥有较为完备的基础设施和辐射带动内地发展的功能，对外开放格局已经形成，借助上海自贸区成立之际，链接国际市场和广大内陆市场的桥梁和平台作用也将越来越大[154]。中央领导人密集发表讲话，称要把长江经济带建设成为中国经济新的支撑带，以解决我国经济下行压力和后发驱动力不足的问题。

（3）长江经济带发展战略重启是实力使然。从 GDP 总量来看，长江经济带占全国的比重由 1992 年的 36.68%上升到 2013 年的 45.9%，总体上呈现上升趋势；从 GDP 增速上看，1992—2013 年，长江经济带除了 1994 年和 2007 年增速低于全国外，其余均高于全国，表现了经济发展旺盛的活力。长江经济带有望成为中国沿海经济带之后最有活力的经济带。

3.4　新时期长江经济带发展战略内涵

20 世纪 90 年代以来，为促进区域协调发展，缩小区域发展差距，我国开始走上了区域协调发展之路。在大力支持东部沿海地区率先发展的同时，又推出了西部大开发、振兴东北等老工业基地和促进中部地区崛起等战略举措。2014 年 3 月，李克强总理在《政府工作报告》中明确提出把培育新的区域经济带作为推动发展的战略支撑，具有重大意义。长江经济带就是区域经济带之一。打造黄金水道，建设长江经济带，其核心内涵是谋划区域发展新棋局，由东向西、由沿海向内地，沿大江大河和陆路交通干线，推进梯度发展。长江经济带是我国发展时间最久、发展基础最好、发展规模最大的流域经济带，必将成为实现这一国家战略构想的主战场，目标可预期，路径清晰。新时期长江经济带发展战略内涵体现在以下 5 个方面。

（1）在发展目标方面提出了新指向。广大人民群众十分关注区域政策的制定和实施，每一个区域政策规划和文件出台后都能引起大家的足够重视，在资本市场上等方面也能反映得出来，希望能够通过制定更加完善的区域政策得到实惠，能够享受到发展的成果。近年来，我国区域发展差距问题有所缓解，四大区域板块协调发展格局渐渐形成，但是区域发展战略仍然略显"粗线条"和"大尺度"。2014 年，国家提出要谋划区域发展新棋局，是时隔 10 年以后对原有区域发展战略目标的一次调整和优化。中央对实施区域发展战略做出了新的部署，明确要求要完善创新区域政策，缩小政策单元，重视跨区域、次区域的规则，提高政策的精准性。

（2）在发展动力方面出现了新变化。由于广大中西部地区不靠海、不沿江、不沿边，受到主客观条件的限制，起步慢了半拍，发展也相对滞后，体制机制障碍不同程度存在。为了解决区域发展失衡问题，改革开放后国家主要采取支持承接产业转移、加大财政转移支付力度、加快基础设施建设等政策手段，打造"政策高地"。2014 年，党的十八届三中全会提出要发挥市场在资源配置中的决定性作用，打造"政策高地"这一政策路径将不再被优先使用。打造区域发展新棋局，实质上是希望推动广大内陆地区全面深化改革，着力提高内陆地区对外开放的广度、深度和力度，形成改革与开放相辅相成、互促互进的新格局，从而为内陆地区的发展提供强大的内生动力。

（3）在发展层次方面提升了新高度。近年来，国务院为支持有关省市区和某些典型地区的发展，先后出台了一系列区域性意见、区域规划、新区和试验区方案，给予"先行先试权"和诸多优惠政策。但是，这种区域布局总体上更强调区域内的分工与合作，体现出块状经济和行政区经济的特征，而且在一定程度上导致中央区域政策趋向泛化。沿大江大河和陆路交通干线布局经济带和以海陆重点口岸为支点，以大交通带动大流通，大流通带动大发展，更好地发挥市场在资源配置中的决定性作用，将有力地打破行政区的束缚，推动经济带上的城镇按照比较优势，科学进行分工，加强合作纵深。

（4）在发展格局方面布局了新支点。区域发展新棋局更加注重具有优势条件区域的带动作用，按照长江经济带规划设想，长江经济带的未来发展将瞄准4大战略支点：依托长三角城市群、长江中游城市群、成渝城市群；做大上海、武汉、重庆3大航运中心；推进长江中上游腹地开发；促进"两头"开发开放，即上海及"中—巴""中—印—缅"经济走廊。

（5）在发展路径方面开展了新探索。近年来，我国经济结构发生了3个重大历史性变化：2011年城镇化率达到51.3%；2012年消费拉动经济增长的贡献率超过投资；2013年国内生产总值构成中第三产业增加值占比首次超过第二产业。广大内陆省份经济结构调整的步伐和转型的速度都慢于东部地区，特别是人口众多的中部地区。区域发展新棋局着眼于培育新的经济带，力图通过推动新型城镇化，增强内需拉动经济的主引擎作用。由此，统筹区域发展的路径由打造"政策高地"转变为发挥城镇化的潜能，建设长江经济带即是这一区域发展路径的重要部分。

3.5 小　结

（1）将长江经济带产业发展划分为孕育、集聚、均衡、准备、启动、停滞、复苏以及腾飞 8 个阶段，深入剖析了各个阶段长江经济带产业发展的特点和空间演化。

（2）分析了长江经济带经济社会发展总体情况，提出长江经济带是我国资源丰富的珍宝带、区位占优的便利带、半壁江山的经济带、人口城市的密集带、智力荟萃的科技带、对外开放的实力带和差异发展的起伏带。

（3）探讨了长江经济带发展的国际国内环境，指出当前世界经济复苏之路曲折而又艰难，未来世界经济不确定性因素依旧较多，我国经济发展受外部环境的影响将不容乐观；当前我国经济发展步入新常态，未来我国经济能够实现中高速发展，长江经济带发展战略重启是世界潮流、历史和实力综合作用。

（4）剖析了新时期下长江经济带发展战略的核心内涵，即谋划区域发展新棋局，由东向西、由沿海向内地，沿大江大河和陆路交通干线，推进梯度发展。

第4章
长江经济带产业转移现状

4.1 我国产业转移历程和现状

▪4.1.1 我国产业转移历程

自新中国成立以来，产业转移贯穿着我国经济快速发展的整个过程。按照体制改革和对外开放的历史进程进行划分，我国产业转移先后经历了4个阶段。

第一阶段（1949—1977 年）。新中国成立初期，我国为了平衡地区经济发展，通过高度集中的计划手段调整产业区域布局，最初是在内地建设一批重工业项目，如"一五"时期规划重点建设 156 个项目。这些项目的建设优化了生产力布局，在国民经济恢复中发挥了重要作用。后来，我国采取行政手段把沿海地区的一批骨干企业搬迁到内地。特别是从 1964 年起，开始实施"三线"建设，提出大分散、小集中的布局方向，国防尖端项目要"靠山、分散、隐蔽"，十堰、绵阳等内地城市成为国家重点建设的工业基地。虽然这一时期的产业转移帮助内地建立起比较完整的工业体系，但由于违背产业布局的客观规律，导致工业项目整体效益不高，也给后来调整工业布局留下较为沉重的历史包袱。

第二阶段（1978—1991 年）。改革开放以后，我国开始对过去产业布局进行反思，国家生产力总体布局出现历史性转变。一方面，沿海地区在国家支持下开始对外开放，范围不断扩大，由经济特区、沿海开放城市逐步扩大到沿江、沿边等内地城市，对外开放地区成为承接港澳台和国际产业转移的重点区域，表现出较强的市场活力和强劲的经济增长势头；另一方面，大力调整"三线"建设项目布局，引导一批布局在"三线"的企业向条件较好的城市搬迁，重新焕发出企业生机活力。

第三阶段（1992—2005 年）。1992 年，我国确立社会主义市场经济发展方向，增强港澳台和外资企业到内地投资的信心。东部沿海地区凭借优越的区位条件和对外开放政策优势，吸引了大量的外资和港澳台企业，开展了各种形式的国际生产经营活动，迅速融入全球生产分工体系。这一阶段，国际资本和国内要素资源迅速向东部沿海地区集聚，企业面向国际市场出口制成品，外资成为加快沿海地区经济发展的重要力量。长三角、珠三角、京津冀三大都市圈逐渐成为全国经济核心区、全球制造基地，进入世界规模最大的城市群之列；而生产的汽车、计算机、家电、化肥等产品产量开始跻身世界前列，显示出强大的制造优势，标志着"中国制造"走向世界。

第四阶段（2006 年至今）。自 21 世纪以来，我国先后出台了一系列政策，支持西部、中部和东北地区发展。特别是进入"十一五"之后，东部沿海的产业开始向省内欠发达地区、中西部地区和东南亚国家转移。中部地区充分挖掘要素后发优势和庞大的国内市场，很快成为承接东部和国际产业转移的重点区域。客观地讲，本轮的产业转移已经超越了单纯企业区位调整，是技术、资本、管理、劳动力、企业家等各种要素转移的叠加、整合和集聚，市场力量发挥决定性作用，将为东部沿海地区发展争取新的空间，加速欠发达地区工业化和城镇化，是我国生产力布局的战略性调整，是国家扩大内需的重要举措，是促进中西部地区后发优势发挥的着力点。

4.1.2　我国产业转移现状

（1）从产业转移的流动方向看，引进与走出去齐头并进。
近年来，我国东部地区土地、劳动力等要素成本快速攀升，而
中西部通过多年发展的积累，对外开放水平不断提升，投资环
境日趋完善，也形成了实力雄厚的区域发展中心。外商资本综
合权衡，开始加快向中西部重点经济区域转移步伐。这种趋势
可以从各地区 2009—2013 年外商直接投资占全国比的变化看
出[155]：东部地区吸收外商直接投资额从在全国占 64% 减少为
56%，减少了近 10 个百分点；中部地区吸收外资直接投资从
占全国 13.9% 上升为 19.5%，增长了近 6 个百分点；西部地
区吸收外商投资从占全国 9.67% 上升为 10.91%；东北地区吸
收外商直接投资的规模大致保持稳定，占全国的比重为
13.5% 左右。2014 年以来，我国在政策层面全面支持企业扩
大对外直接投资，加快整合世界资源，增强企业的国际竞争
力。国务院有关部委相继修订《政府核准的投资项目目录》
并出台《境外投资项目核准和备案管理办法》和《境外投资
管理办法》等文件，简化对外直接投资的审批程序，规定除
少数敏感地区和敏感产业外，境外投资一律实行备案制。
2014 年 12 月 24 日，国务院常务会议专题研究金融支持企业走
出去工作，提出了"简化境外上市、并购、设立银行分支机
构等核准手续""为走出去企业提供长期外汇资金支持"等措
施，推动我国企业主动融入并深入参与全球竞争。随着整体实
力的增强，我国一些企业加快"走出去"步伐，加大海外投
资力度。例如，山东电建公司在沙特中标总额近 20 亿美元的
电站 EPC 项目，华为在法国、巴西等签下多个电信大单，中
国高铁因土耳其安伊高铁的通车在走出国门方面取得了重大突
破。根据最近发布的《中国企业海外可持续发展报告 2015》
数据显示，2014 年我国共有 1.85 万家境内投资者在全球 186

个国家和地区设立 2.97 万家企业，对外直接投资额达到 1 231.2亿美元，增长 14.1%。

（2）从产业转移的演进路径看，链式组团转移逐渐增多。龙头企业社会化协作程度高，进行产业转移会动员和吸引一批行业上下游一起投资，形成"龙头企业"招"配套企业"，"配套企业"引"龙头企业"的互动发展局面。这种现象在近年的产业转移过程中比比皆是。例如，2011 年年底，联想与台湾仁宝合资成立合肥联宝电子公司落户合肥市生产笔记本电脑，截至 2014 年年底，共有 20 多家联宝配套企业到合肥投资，分布在笔记本电脑、信息安全等多个领域，合肥成为国内排在重庆、苏州之后的第三大笔记本电脑制造研发基地。2014 年，现代化制造水平非常高的上海通用汽车整车厂落户武汉，上海采埃孚转向等 19 家上海通用一级核心配套企业尾随而至，一座汽车工业新城在江夏金口拔地而起。

（3）从产业转移的承接方式看，合作共建园区渐成气候。为了既有效推动不适宜产业转出又规避产业空心化的风险，东部沿海省市政府倾向于以政府间签订协议等展开与周边城市的合作，力推产业园区及大型企业在异地共同打造"园中园"等。例如，苏州工业园区与滁州市政府 2011 年 12 月底签约，合作开发苏滁现代产业园项目；上海市和周边城市合作共建的异地工业园区，至少已包括上海外高桥启东产业园、昆山浦东软件园等 30 多家。一般情况下，东部地区出资金、出企业，产业承接地政府出土地、出政策等，实现共赢。东部沿海地区及项目所在地主要领导或部门牵头建立高层协调机制，成立园区开发公司，牵头负责园区规划、开发、建设与运营等工作，东部沿海地区方面一般占据控股地位。合作共建园区的盈利来源主要包括土地收益、税收返还、开发基金及招商奖励、配套服务收益和经营性收益等。

（4）从产业转移的质量效率看，协调互动转型迈向新阶段。过去，我国产业转移主要是东部沿海地区为了降低生产成本，单向对周边的中西部内陆地区转移，转移的产业以传统产业的低端加工制造环节居多。现在，随着我国中西部地区经济发展环境优化、内需市场的扩大及产业结构的升级，国内产业转移发生了新的变化。随着现代信息技术的大范围运用和国内市场潜力的持续激发，加上产品生命周期缩短、运输成本升高和顾客需求个性化等，部分龙头企业采取"就地生产、就地销售"的战略，选择在市场附近生产，及时满足客户需求。上汽、北京现代、华晨等汽车公司陆续在中西部摆兵布阵，在重庆、成都、武汉、长沙、郑州等城市建设整车和零部件生产基地，已经形成了相当规模。2009—2013 年，东部地区除汽车产业占全国的比重提升 3.15%外，其他产业占比均呈现不同程度的下降。可见，东部地区对中西部进行产业转移并不仅仅局限于传统低端产业，一些电子信息、装备制造、新能源等高端产业也开始转移。这些高端产业企业更加注重对转移地综合制造成本的考量、对产业配套能力的要求及对转移地区消费市场的考察。另外，中西部的一些具备比较优势的龙头企业也出现了将总部和研发基地迁往东部地区的趋向，充分利用当地的科技、人才和总部企业聚集优势。我国产业转移开始步入全面优化产业价值链布局、转移和转型并重的新阶段。

（5）从产业转移的经济效益看，经济增长差距日益缩小。近几年，我国区域间的产业合作与产业转移开始活跃起来。我国中西部和东北地区承接东部沿海地区产业转移出现了"规模显著扩大、层次明显提升、方式不断创新"的特点。2009—2013 年，中部 6 省利用境外省内资金总数由 1.2 万亿元上升至 3.3 万亿元，复合年增长率达到 29%，其中湖北在 5 年中利用境内省外资金增长 5.3 倍；四川累计引进境内省外资金 3.3 万亿元；重庆市累计引进境内省外资金达到 2.1 万亿元，比前 5 年引进资金综合增长 10 倍多。60%以上中西部地区利用的省外资金均来自东部发达地区。国内跨区域产业转移推动四大板块区域发展差异不断减少。从工业看，2009—2013

年，东部地区的工业增加值占全国的比重从 55.05% 降到 50.2%；中部、西部地区的产业都实现较大幅度增长，中部和西部地区工业增加值占全国的比重分别从 19.48% 和 16.88% 上升到 21.64% 和 19.33%；东北地区工业增加值占全国的比重比较平稳一些，从 8.68% 上升到 8.83%。

4.2　长江经济带产业转移工作体系

长江经济带产业转移属于全国产业转移的一部分，长江经济带产业转移的各项工作均包含在全国产业转移工作体系之中。从严格意义上讲，我国尚未形成独立的长江经济带产业转移工作体系。因此，以下将结合全国促进产业转移的工作一同总结长江经济带产业转移工作体系。

■ 4.2.1　持续落实有序转移，着力抓顶层设计

20 世纪 90 年代以来，我国东部地区率先发展，各项经济社会指标都位居全国前列。相比而言，广大中西部地区以及东北地区在很多方面都与东部地区有较大差距，群众生活水平和质量落后于沿海城市。为了缩小地区差距，国家先后实施了"区域协调发展战略"，可以概括为"4+4+4"战略。第一个"4"战略是指"东部率先发展、中部崛起、西部大开发和东北振兴"4 大板块战略；第二个"4"战略是指 4 个"老少边穷地区"，包括"革命老区""民族地区""边疆地区""贫困地区"4 种国家重点援助的问题区域；第三个"4"是指 4 大国家主体功能区战略，包括"优化开发的城市化地区""重点开发的城市化地区""限制开发的农产品主产区和重点生态功能区""禁止开发的重点生态功能区"[156]。

2010 年 8 月，国务院就指导中西部地区承接产业转移发布指导意见，出台国发〔2010〕28 号文件《国务院关于中西

部地区承接产业转移的指导意见》，是中西部地区承接产业转移的纲领性指导文件[157]。该指导意见强调了中西部地区承接产业转移的指导思想和基本原则，明确了包括发展优势特色产业、承接产业集中布局等 6 项重点任务，在财税、金融等 6 个方面提出了若干政策措施。

2011 年年底，国务院就 2011—2015 年工业转型升级发布规划。规划鼓励东部沿海省市稳妥有序地推进产业转移，鼓励中西部省市在条件允许的情况下开展互换要素、企业合作、产业链协作等合作对接，鼓励以多种形式开展对口支援新疆、西藏和青海的产业发展。中西部地区需要在加大现有工业园区和产业转移基地建设力度，逐步增强承接产业转移能力，进而作为承接产业转移和促进产业集聚发展的坚实平台。

2012 年以来，受国际经济形势影响，我国经济下行压力增大，产能过剩矛盾日益突出。为化解产能过剩矛盾，国务院提出了"四个一批"的明确要求，其中，推动一批过剩产能向境外有序转移是其中重要内容。为贯彻落实国务院精神，工业和信息化部结合已有产业转移政策工作基础，印发了《关于引导和推进产业有序转移的指导意见》。该指导意见旨在从工业行业角度，对全国工业产能产业转移进行全面指导，明确适用于从东部地区转移到中西部地区的产业门类，明确适于转移到境外发展的行业门类，明确配套政策[158]。

2014 年 9 月，国务院就依托黄金水道推动长江经济带发展出台指导意见，发布国发〔2014〕39 号文件《国务院关于依托黄金水道推动长江经济带发展的指导意见》。其中，第四项"创新驱动促进产业转型升级"中第二十三条"引导产业有序转移和分工协作"对长江经济带产业转移工作任务进行了部署，搭建了我国推进长江经济带产业转移的工作体系框架，包括 4 个方面的内容：第一，长江经济带产业转移总体思路是根据各区域在资源禀赋、生态环境容量以及主体功能定位的不同，来调整长江经济带产业布局，促进集聚发展；第二，长江经济带产业转移的方向是"在着力推动下游地区产业转型升级的同时，依托中上游地区广阔腹地，增强基础设施和产业配套能力，引导具有成本优势的资源加工型、劳动密集型产业和具有市场需求的资本、技术密集型产业向中上游地区转移"；第三，长江经济带产业转移的支撑平台方面要"支持和鼓励开展产业园区战略合作，建立产业转移跨区域合作机制，以中上游地区国家级、省级开发区为载体，建设承接产业转移示范区和加工贸易梯度转移承接地，推动产业协同合作、联动发展"；第四，长江经济带产业转移需要强调"借鉴负面清单管理模式，加强对产业转移的引导，促进中上游特别是三峡库区产业布局与区域资源生态环境相协调，防止出现污染转移和环境风险聚集，避免低水平重复建设"。

2015 年 3 月，国务院总理李克强在作 2015 年政府工作报告时首次把"一带一路"、长江经济带和京津冀协同发展明确为"三个支撑带"，提出要统筹实施"四大板块"和"三个支撑带"战略组合。

然而，截至 2015 年 9 月，国务院有关创新驱动长江经济带产业转型升级的工作方案尚在征求意见，我国中央层面尚未出台专门针对促进长江经济带产业转移的具体实施方案。

■4.2.2　持续优化产业结构，着力抓分类指导

2012 年 7 月，工业和信息化部发布了《产业转移指导目录（2012 年本）》（工业和信息化部公告 2012 年第 31 号）。该转移目录是第一份全国性指导产业转移的政策文件，分为两个部分，第一部分是全国区域工业发展导向，对东北地区、东部地区、中部地区、西部地区四大经济区域的产业布局及承接产业转移方向进行了总体阐述，明确了重点工业行业在四大经济区域的空间分布方向；第二部分对四大经济区域中各经济区（带）产业布局方向，各省、自治区、直辖市及新疆生产建设兵团优先承接和发展的产业方向进行了阐述，明确了各个地区的具体主

导产业门类，实现了对各地产业布局和产业转移的分类指导。

转移目录发布后，不少地方在实施过程中对目录进行了进一步细化，对推动产业结构优化和产业有序转移起到了积极作用。例如，2013 年 3 月，江苏省发布《江苏省工业和信息产业结构调整指导目录（2012 年本）》；2014 年 4 月，上海市发布《上海工业及生产性服务业指导目录和布局指南（2014年版）》等。

2013 年 5 月，工业和信息化部印发《产业转移项目产业政策符合性认定试点工作方案》（工信厅产业〔2013〕89 号）。该试点工作面向产业转移项目，对其产业政策符合性程度进行等次划分，明确"较好符合产业政策""符合产业政策""不符合产业政策"等不同等级，为政府部门处理产业转移相关行政事务提供必要的信息服务，也为产业转移企业了解项目是否符合相关政策，是否符合承接地资源环境和特色优势，是否具有较高质量和水平提供必要的信息参考，在一定程度上能够有效遏制落后产能和过剩产能转移。目前，上海、河南、四川、重庆、甘肃被批复为试点省（市），相关工作正在有序推进。

■ 4.2.3　持续夯实平台基础，着力抓试点示范

自 2010 年以来，国家发展和改革委员会先后批复建设了9 个承接产业转移示范区，位于长江经济带内有 6 个，也凸显了长江经济带在全国承接产业转移工作中举足轻重的地位。分别是安徽皖江城市带承接产业转移示范区（合肥、芜湖、马鞍山、铜陵、安庆、池州、滁州、宣城和六安 2 区县等 9 市）、广西桂东承接产业转移示范区（梧州、玉林、贵港、贺州 4市）、重庆沿江承接产业转移示范区（涪陵、巴南、九龙坡、璧山、永川、双桥、荣昌等 7 个区县）、湖南湘南承接产业转移示范区（衡阳、郴州、永州 3 市）、湖北省荆州承接产业转移示范区（主体区为荆州市全境，辐射带动区范围为荆门市、仙桃市、潜江市、天门市全境）、晋陕豫黄河金三角承接产业

转移示范区（河南省三门峡市、山西省运城市、临汾市和陕西省渭南市）、甘肃兰白经济区承接产业转移示范区（兰州市、白银市所辖行政区域）、四川广安承接产业转移示范区（四川省广安市）、赣南承接产业转移示范区（以赣南为主体，辐射赣州全境及周边地区）。

2011—2015 年工业转型升级规划提出"十二五"期间建设东中西产业转移合作示范区，在中西部地区布局，数量 3~5 个。2011 年 6 月，国家发改委就国家东中西区域合作示范区建设出台总体方案，连云港连云区成为国家东中西区域合作示范区。该示范区将依托大陆桥优势，服务中西部地区对外开放，开展东中西产业合作，进行区域合作体制机制创新试验。

■4.2.4　持续完善联动机制，着力抓服务对接

为了加强东中西部互利合作，2008 年商务部先后在江苏、上海市建立了 2 家产业转移促进中心。2008 年 10 月，台商云集的江苏省昆山市成立了全国第一个产业转移促进中心（商务部昆山基地），该中心热心服务中西部地区，通过设立常年展示区等形式大力推介宣传中西部地区投资环境并且定期发布招商项目，有效促进项目洽谈与对接。2008 年 12 月，产业转移促进中心（商务部上海基地）在上海市漕河泾开发区揭牌，定位是：上海主动服务全国，帮助中西部地区筑巢引凤，推动国际产业和我国东部沿海地区产业向内地转移，促进中西部地区经济发展的重要服务平台。

自 2010 年开始，工业和信息化部与部分地方省级人民政府共同开展"产业转移系列对接活动"。目前，已经举办了 7 届活动，分别是 2010 年中国（郑州）产业转移系列对接活动、2011 年中国（新疆）产业转移系列对接活动、2011 年中国（郑州）产业转移系列对接活动、2012 年中国（郑州）产业转移系列对接活动、2013 年甘肃产业转移系列对接活动、2014 年甘肃产业转移系列对接活动和 2014 年中国（郑州）产

业转移系列对接活动。区域性产业转移对接活动的重要作用是引导产业有序转移。随着活动的深入开展，过去部省合作搭建平台的模式已逐步向搭建区域性产业转移合作平台转变。2012年中国（郑州）产业转移系列对接活动中，来自中部及周边地区的河南、河北、山西、内蒙古、安徽、江西、湖北、湖南、陕西等 9 省（区）代表共同发布了联合宣言，将加强产业转移交流与合作。2014 年 10 月，工业和信息化部与 9 省（区）人民政府共同主办了 2014 年中国（郑州）产业转移系列对接活动，搭建中部地区产业转移合作平台，河南省共收集签约项目 643 个，总投资达到 3 548 亿元，引进省外资金3 123亿元。活动中，内蒙古、安徽、陕西分别举办了内蒙古自治区农畜产品加工产业合作推介会、陕西渭南黄河金三角承接产业转移项目推介会、安徽（亳州）承接产业转移招商推介会。2015 年 10 月起，将在河北省石家庄举办"2015 京津冀产业转移系列对接活动"，旨在持续深化京津冀产业对接合作，结合落实《京津冀产业协同发展规划》和《中国制造 2025》，除了拟开展领导集体回见、客商餐叙交流、重点项目签约、产业合作高峰论坛等综合活动外，还将组织生物医药、高端装备制造暨新能源汽车等 9 场专项对接活动。

　　2013 年 8 月，国家产业转移信息服务平台上线开通。该平台由工业和信息化部产业政策司主办，工业和信息化部电子科学技术情报研究所承办，各省级工业和信息化主管部门协办。该平台建设的主要任务是解决产业转移项目的转出方和承接方之间的信息不对称问题，降低信息搜寻和对接成本。各级地方政府、产业园区、企业和个人投资者均可注册为平台用户，自由发布产业项目承接意愿信息和产业项目转出意愿信息，并在平台上进行产业对接交流。平台发布的产业转移咨询信息、行业分析、产业研究报告、产业政策等内容能够为平台用户提供充分的决策参考。目前，该平台运行情况稳定，发布信息量和注册用户数量稳步增长，社会影响力和品牌效应正在形成。

4.3 长江经济带产业转移概况

表 4.1 是 2005—2013 年长江经济带 9 省 2 市大类产业增加值占全国区位变化表。其中，产业增加值区位变化率计算公式如下：

增加值区位变化率$_{2005—2013}$ =

$$\frac{\dfrac{产业增加值_{2013}}{全国产业增加值_{2013}} - \dfrac{产业增加值_{2005}}{全国产业增加值_{2005}}}{\dfrac{产业增加值_{2005}}{全国产业增加值_{2005}}} \times 100\%$$

(4.1)

从表 4.1 可以看出：

(1) 由于长江经济带各省市所有分类增加值产业区位变化均不为 0，故 2005—2013 年 9 省 2 市各产业均发生了产业转移。

(2) 从 GDP 总量区位变化看，上海、浙江占全国比重相对下降，分别为 -24% 和 -13%，其余省份均上升；湖北、湖南、四川、安徽等中上游省份区位正向变化较大，分别是 15%、15%、12% 和 9%。

(3) 上海市、浙江省 2005—2013 年各产业占全国的比重均下滑，相比而言，产业转出明显。

(4) 江苏省 2005—2013 年第一产业、第二产业占全国比重均下滑，而第三产业上升，相比而言，属于第一、二产业转出省，第三产业承接省。

(5) 长江中游省份 2005—2013 年第一产业占全国比重，湖北、湖南大幅提升而安徽、江西下降明显；第二产业均大幅

表 4.1 2005—2013 年长江经济带 9 省 2 市大类产业增加值占全国区位变化表

单位：亿元

全国及地区	总 GDP			第一产业 GDP			第二产业 GDP			工业 GDP			建筑业 GDP			第三产业 GDP		
	2005	2013	区位变化/%	2005	2013	区位变化/%	2005	2013	区位变化/%	2005	2013	区位变化/%	2005	2013	区位变化/%	2005	2013	区位变化/%
全国	184 937	568 845	—	22 420	56 957	—	87 598	249 684	—	77 231	210 689	—	10 367	38 995	—	74 919	262 204	—
上海	9 248	21 602	-24	90	129	-44	4 381	8 028	-36	4 037	7 237	-34	344	791	-39	4 776	13 445	-20
江苏	18 599	59 162	7	1 462	3 646	-29	10 525	29 094	-7	9 440	25 612	-1	1 085	3 482	-46	6 612	26 422	20
浙江	13 418	37 568	-13	893	1 785	-211	7 165	18 447	-16	6 345	16 368	-9	820	2 078	-78	5 360	17 337	-9
安徽	5 350	19 039	9	967	2 348	-47	2 246	10 404	32	1 837	8 928	36	409	1 476	-5	2 138	6 287	-7
江西	4 057	14 339	7	727	1 636	-92	1 917	7 671	18	1 456	6 434	22	462	1 237	-39	1 412	5 031	1
湖北	6 590	24 668	15	1 082	3 098	152	2 852	12 172	32	2 479	10 531	34	373	1 640	18	2 656	9 399	1
湖南	6 596	24 502	15	1 101	3 099	132	2 613	11 517	33	2 195	10 001	36	417	1 516	-4	2 883	9 885	-1
重庆	3 468	12 657	7	463	1 017	-70	1 564	6 398	16	1 294	5 250	16	270	1 148	10	1 440	5 242	1
四川	7 385	26 261	12	1 481	3 426	-147	3 067	13 579	39	2 527	11 579	43	540	2 000	-2	2 837	9 256	-4
贵州	2 005	8 007	6	369	1 029	40	821	3 244	7	707	2 687	7	114	557	10	815	3 734	5
云南	3 463	11 721	4	662	1 895	93	1 426	4 928	7	1 169	3 768	5	258	1 160	15	1 375	4 898	1

提升，尤其是工业，区位变化均在 20% 以上；第三产业占比变化较小。

（6）长江上游省份 2005—2013 年第一产业占全国比重，贵州、云南大幅提升而四川、重庆下降明显；第二产业均提升，四川、重庆较为明显；第三产业变化不明显。

进一步概括，即 2005—2013 年长江经济带 9 省 2 市均发生了产业转移，长江下游地区产业转出明显，长江上中游地区产业承接明显但集中在第二产业，尤其是工业。

表 4.2 是 2005—2013 年长江经济带 9 省 2 市主要产品产量区位变化表。产品产量区位变化率计算公式如下：

$$产品产量区位变化率_{2005-2013} = \frac{\dfrac{产品产量_{2013}}{全国产品产量_{2013}} - \dfrac{产品产量_{2005}}{全国产品产量_{2005}}}{\dfrac{产品产量_{2005}}{全国产品产量_{2005}}} \times 100\% \quad (4.2)$$

从表 4.2 可以看出，从产品产量区位变化平均值看，长江下游主要产品生产占全国比重呈下降趋势，而中上游地区除贵州外均呈现上升趋势，尤其是向四川、重庆、安徽、湖南转移趋势明显。其中，2005—2013 年四川省在微型电子计算机产量、集成电路产量方面发生了巨变。

表 4.2 2005—2013 年长江经济带 9 省 2 市主要产品产量区位变化表

单位：%

地 区	上海	江苏	浙江	安徽	江西	湖北	湖南	重庆	四川	贵州	云南
原油产量/万吨	-75	6	—		—	-11	—		39	—	-100
天然气产量/亿立方米	-84	-66	-100			16	-100	-78	-37	-63	-100
原盐产量/万吨	—	1	-100	99	167	-17	56	179	-10		38
成品糖产量/万吨			-48		703		37	0	-63	110	-11
啤酒产量/万千升、万吨	-57	-14	-26	-19	27	19	-13	-5	17	105	141
卷烟产量/亿支、万箱	-11	-5	6	-4	18	-6		9	10	-8	-9
纱产量/万吨	-87	-35	12	6	257	52	85	23	58	-41	-82

续表

地 区	上海	江苏	浙江	安徽	江西	湖北	湖南	重庆	四川	贵州	云南
布产量/亿米	−44	−20	40	−10	8	95	−43	−73	23	−88	−100
机制纸及纸板产量/万吨	−48	14	−8	−1	35	2	0	194	−15	15	−22
焦炭产量/万吨	−62	107	184	−2	9	−26	−23	−17	−7	−35	−24
硫酸（折100%）产量/万吨	−67	−41	−58	63	60	−14	−5	−22	6	4	25
烧碱（折100%）产量/万吨	−26	16	−18	8	−7	5	−4	111	−36	−66	108
纯碱（碳酸钠）产量/万吨	—	−14	18	33	—	8	29	655	−1	—	−45
乙烯产量/万吨	−38	−39	—	—	—	—	—	—	—	—	—
农用氮、磷、钾化肥产量/万吨	−51	−37	−61	−13	47	108	−62	21	−33	43	−5
化学农药原药产量/万吨	−76	−19	−46	94	3	22	−56	−66	−10	−100	−100
初级形态的塑料产量/万吨	−44	−12	92	4	−64	−17	−32	215	−35		240
化学纤维产量/万吨	−61	4	12	16	−6	−25	−78	−37	39	−100	−34
水泥产量/万吨	−68	−18	−40	61	10	9	34	22	38	115	42
平板玻璃产量/万重量箱	−100	−42	−12	240	−45	158	−13	196	54		91
生铁产量/万吨	−50	20	74	2	−19	−19	−18	9	−8	−10	11
粗钢产量/万吨	−58	16	16	−4	2	−17	−19	0	−29	−8	66
钢材产量/万吨	−61	−1	68	−7	−15	−25	−28	52	−16	−7	49
金属切削机床产量/万台	−55	−18	34	324	−12	−65	6	−43	−61	41	296
大中型拖拉机产量/万台	−91	−36	−30	—	−79	−91	—	25 981	−100		
汽车产量/万辆	21	−8	−40	−24	−54	5	177	13	336	−93	−59
轿车产量/万辆	−4	2	−45	−43	−58	8	1 497	54			−100
家用电冰箱产量/万台	16	8	32	81	24	258	−88	—	26	−38	
房间空调器产量/万台	−7	−74	−32	173	−1	157		84	−35		
家用洗衣机产量/万台	−68	11	−18	61		−4	−15	—	90		
移动通信手持机产量/万台	−53	−78	−93			−75			−98		
微型电子计算机产量/万台	−11	−40	−72	3 679	−64			—	394 619		
集成电路产量/万块	−30	8	−4	−100			1 013		139 751	−31	
彩色电视机产量/万台	−56	42	217	−34	−66			−99	−9	7	
发电量/亿千瓦小时	−39	−6	−7	40	8	−22	−3	14	18	−3	59
水电发电量/亿千瓦小时	—	81	−44	15	−17	−36	−8	13	32	−3	103
平均值/%	−43	−8	−3	131	25	13	65	761	14 851	−10	13

注：部分产品因2005年无基期数据，故未能计算产量区位变化率，用"—"代替。

4.4　长江经济带9省2市产业转移实践经验

当前，长江经济带各省市政府的主要精力放在稳增长、调结构、促改革等方面，均没有把推进产业转移作为一项专项工作统筹系统推进，而诸如工业投资、转型升级、招商引资、园区建设、淘汰落后和过剩产能等方面的工作又或多或少、直接或间接地促进了产业转移。因此，只能从侧面予以总结。

■4.4.1　上海市推进产业转移实践经验

近年来，上海市紧紧围绕国际经济中心、金融中心、贸易中心和航运中心四大定位，瞄准建成社会主义现代化国际大都市，深入改革开放，创新驱动发展，力促经济转型升级。随着上海自由贸易区以及异地工业园的加快建设，"两头在沪（研发在沪，营销总部在沪），中间在外"的经营模式，将成为上海企业未来生存的常态。考察上海市的产业转移，应侧重于关注国际产业向上海市的转移。2014年，上海市外商直接投资实到181.7亿美元，增长26.8%。上海市利用外资的特点如下：

（1）服务业为主的引资结构继续增强。2014年上海加快形成以服务业为主的引资结构，服务业实际利用外资163.9亿美元，占上海市外资总量90.2%，增长20.8%。

（2）制造业引进外资总量下降。2014年实到外资17.44亿美元，下降45.2%，但新材料和节能环保领域的新兴领域项目增多，占引进外资新增项目的25%。

（3）总部机构加快集聚。2014年上海市跨国公司地区总部达到490家，新增45家，已经成为全国内地跨国公司地区总部落户最多的城市，全球资源配置能力持续增强。

（4）来沪投资的国家和地区较为集中。2014年，上海外商直接投资主要资金来源地包括香港、日本、美国、欧洲、新加坡、英属维尔京群岛等，其中香港占 63.7%。

龙头摆动，龙身舞弄，龙尾才能甩起来。总体上看长江经济带的龙头在长三角，而上海当之无愧是长三角龙头。上海市必须起到带动长三角乃至长江经济带发展的作用。上海市推进产业转移的主要工作如下：

（1）加快建设自贸试验区。2014 年，上海市自贸试验区以制度创新为核心，着力对接国际通行规则，建设投资贸易制度创新体系[159]。一是改革行政监管制度。发布政府权力清单、责任清单，转变政府职能，厘清政府、市场关系，更加注重事中事后监管，引导政府、行业、社会、公众共同参与形成综合监管体系。二是改革投资管理制度。扩大开放服务业和制造业，放宽外商投资、境外投资管理，简化商事登记制度，扩大企业"单一窗口"受理事项范围。三是改革贸易监管制度。在海关特殊监管区实行一线放开、二线管住，促进贸易便利化。四是改革金融创新制度。致力于资本项目可兑换和开放金融服务业，出台境外人民币借款、自由贸易账户等新举措，设立国际要素市场，加强防范金融风险工作力度。

（2）持续改革经济体制。牢牢抓住浦东综合配套改革试点机遇，推出多项改革举措。率先在全国变革市场监管体制，试点推进监管集成电路全产业链保税、发展再制造产业、兼营融资租赁和商业保理业务，为全国积累先进经验。针对国有资产和国有企业改革等"难啃的骨头"出台配套政策，精心设计、倾力打造国有资产流动平台。扎实推进国有企业重组，在深化改革投资体制方面出台实施意见，推行企业注册资本，推行认缴登记制，减免小微企业税收，中小企业服务体系建成并覆盖全市。

（3）大力促进经济开放。在外商投资审批方式上进行创新，针对发展总部经济出台系列优惠政策。推动外贸转型升级，跨境电子商务等新型贸易加快发展。积极开展与长三角、长江经济带其他地区的经济社会交流合作，不遗余力高标准开展对口支援，不断夯实强化与台港澳等经济发达地区贸易往来。目前上海市向市外进行产业转移的时空范围不断延伸和扩展，已经从以上海为中心的 1 小时经济圈扩大到 3 小时经济圈乃至更大。上海市近年来的产业转移呈现出沿长江、沿海岸线、沿高速公路、沿铁路等重点轴线集中的趋势，江苏北部、皖江经济带、江西东部、浙江西部等地区继江苏南部和浙江西北部城市之后，正在成为上海市新一轮产业转移的热点目标区域。

（4）全面强化中心功能。积极配合"沪港通"试点启动，研究出台促进资本市场、互联网金融、现代保险服务业和平台经济健康发展等系列政策措施。吸引金砖国开行、上航仲裁院等机构落户。创新性推出"上海金"等产品。不断总结电子发票、启运港退税和商业保理政策试点工作经验，举一反三，扩大试点范围。国家会展中心成功试展。2014 年，上海市金融市场交易额再上新台阶，达到 786 万亿元，商品销售总额达到 7.4 万亿元。

（5）不断优化产业结构。着力打造四新经济，攻关新技术、构建新模式、打造新业态、壮大新产业。破解制约企业发展的工商登记等方面问题。大力支持信息消费、生物医药等领域突破性发展。综合运用差别电价、建设用地减量化等新思路、新方式，推动产业结构调整，2014 年共淘汰 644 项落后产能。大力支持 2008 年由商务部、上海市商务委员会、上海市漕河泾开发区，以及中西部 17 个省市等携手共建的产业转移促进中心（暨商务部上海基地）发展。目前，该中心（基地）已促进各地落地项目 73 个，金额达到 723.8 亿元人民币，在推动东中西部地区产业转移发挥较大作用，促进了各方共同发展[160]。

（6）异地共建工业园。上海产业转移合作模式的突出特色和有益经验是异地建设工业园。近年来，上海不断"走出去"与周边城市异地共建工业园区，2014 年至少已有 30 多家，长三角区域一体化发展得到有力促进。一般情况下，上海市政府机构与园区所在地方政府签订双方合作开发协议，共同推进产业转移，采取的方式主要是在异地合作建设开发区、高新技术开发区、工业园区，或者在土地利用总体规划内的建设用地中部分或整体划出一定面积土地，成群成片成链式承接上海市外迁企业和项目。共建工业园内的企业一般由上海方面企业主导股权、人事、决策，双方共享发展利益。园区的盈利来源主要包括土地收益、税收返还、招商奖励、配套服务、市政公用事业所产生的直接收益等。

■ 4.4.2　江苏省推进产业转移实践经验

近年来，江苏省一方面牢牢把握国际产业结构调整机遇，积极承接国际产业转移；另一方面优化省内产业布局，大力推动省内南北发展挂钩，促进全省共同发展。外资的大量涌入，助推江苏省经济稳步增长、人气持续集聚、企业管理理念和技术水平大幅跃升等方面发挥了非常重要的作用。2014 年，江苏省新批准外商投资企业 3 031 家，协议外资 431.9 亿美元，新批和净增资 3 000 万美元以上项目 701 个，使用外资实际达到 281.7 亿美元，规模连续 12 年位居全国前列。

江苏省是我国重要的外资承接地，其利用外资的特点如下：

（1）外资独资化倾向导致溢出效应降低。2012 年，从实际利用外资资金源头看，外商独资企业占 80%左右，中外合资企业占 16%，中外合作企业和股份制企业则更少，仅占 4%。

（2）服务业外资利用份额较少。江苏省实际利用外资主要投向制造业领域，而服务业外资又以房地产业为主，现代服务业利用外资明显滞后。2010 年以前，江苏服务业实际利用外资占比一直在 30%以下，2011 年上升到 36.5%，2012 年又有所下降，三次产业实际到账外资结构比为 4.2：64.6：31.2[161]。其中，2012 年服务业外资中房地产业利用外资占52.5%，而信息传输、计算机服务和软件业等现代服务业利用外资仅占 2.4%。

（3）外资来源地过于集中。2012 年，虽然有 30 多个国家或地区的资金来投资，但来自港澳台地区、日本、韩国、新加坡、美国、加拿大、英国、法国、德国和荷兰等国家或地区的直接投资占江苏实际利用外商直接投资的 78%。显而易见，外资来源地过于集中存在隐患，如果外资来源地发生政治经济等不可抗力事件或者经济萧条，将会发生连锁效应，对投资地带来波及面较大的影响。

（4）省内利用外资分布不均衡。江苏多年来利用外资都呈现"南高北低"的态势[162]。2012 年，从规模看，苏南利用外资总量分别是苏中的 3.97 倍、苏北的 3.21 倍；从对当地产值的贡献看，苏南外资企业分别是苏中的 1.6 倍、苏北的 2.9 倍；从促进就业的贡献率看，苏南外资企业分别是苏中的 1.7 倍、苏北的 3.1 倍[163]。

江苏省推进产业转移的主要做法包括：

（1）积极对接上海产业外迁。上海市近年来经济国际化转型、产业高端化升级的步伐越来越快，一些传统产业生存空间越来越小，势必需要转移。江苏省一些紧邻上海市的南通、扬州、盐城等城市闻风而动，主动对接，充分发挥区位优势，利用天时、地利、人和，促进一大批上海市产业转出项目落户。

（2）不断夯实产业园区发展底盘。一般而言，经济开发区在基础设施条件、资源配置效率、产业配套功能等方面具有突出优势，能够有效承载产业转移。江苏在承接产业转移过程中，对开发区、工业园区等载体的建设高度重视，坚持引凤先筑巢，在进行园区规划和建设时，充分考虑本地实际、产业现状等客观情况，集约使用土地，集聚布局产业，下大功夫进行园区基础设施建设，不断完善功能和配套。

（3）坚持南北携手共建开发区。历经多年发展，苏北地区开始发挥要素禀赋优势，显现出越来越大的发展潜力；而苏南地区在土地、环境、劳动力成本等方面趋紧，产业亟待优化升级。为了加快苏北建设，缩小省内发展差距，2013 年 7 月，江苏省就支持苏北地区全面小康建设出台指导意见，重点就产业新一轮转移、提升园区发展水平、加快新型城镇化等方方面面助力苏北崛起，以加速江苏全省协调发展。经过努力，苏北地区省以上经济开发区都开展了南北共建。一些先进典型，诸如苏州宿迁工业园、常州高新区大丰工业园、无锡新沂工业园等不断涌现。

（4）严防落后和污染转移。一是在产业转移时坚持环保优先理念。江苏省各地在产业转移多环节坚持环保问题一票否决。为防止污染严重项目借转移之机，江苏省 2005 年就明确苏北地区建设项目环境准入条件下发通知，提高项目建设环保门槛；2006 年就苏北地区加强新建化工项目管理提出指导意见，禁止新建固定资产投资额低于 5 000 万元（土地费用除外）的化工项目。二是坚决关闭淘汰落后化工生产企业。2006 年起，江苏省开展了化工企业三年专项整治，关闭淘汰与产业、环保、安全等政策不符的化工企业，严把检查验收关，确保生产设施拆除到位、有害废弃物清除到位，拆除前后对比照片立档存查，确认关闭企业名单向社会公示，有效断绝了落后和污染转移的源头。三是努力做到既不害己也不害人。按照国家严格禁止落后生产能力转移流动的要求，杜绝淘汰的落后化工生产能力转移到其他省份。

■ 4.4.3　浙江省推进产业转移实践经验

为了破解土地、能源、环境等诸多成长中出现的烦恼，浙江在 21 世纪初就研究部署利用宏观调控腾笼换鸟，痛下决心倒逼转型。2013 年，浙江省将"四换三名"作为转型的一个重要抓手。四换即腾笼换鸟、机器换人、空间换地、电商换市，三名即名企、名品、名家。

对于全国而言，浙江省是重要的产业转移来源省，基本情况如下：

（1）自1999年以来每年跨区域投资总额超过1 000亿元，一直保持着全国跨区域直接投资最大省份的地位。2005年起，浙商对海外投资也迅猛增长，近年浙江跃居全国对海外直接投资首位。2006年，浙江对省外与海外直接投资超过了海外与省外来浙投资。据不完全统计，到2012年年底，浙商对外投资总额超过4万亿元，其中在境外投资累计超过112亿美元。在外投资创业的浙商超过750万人，其中有600多万在全国各地，有150多万人分布在境外138个国家和地区。

（2）由于对外投资的快速增长，浙江产业转移迅速推进。不仅是浙江原具比较优势的传统劳动密集型产业，如纺织服装、制鞋、眼镜、打火机、箱包、家具、工艺、建筑材料等行业，通过对外投资不断向中西部地区转移，近年来一些新兴产业，如光伏、设备制造等产业也出现了向外转移势头。

浙江省推进产业转移的主要做法包括：

（1）多方合作"飞地"式产业转移。2010年，嘉兴海宁经编产业园管委会与郎溪县政府、鸿翔控股三方合作，探索采取"飞地"的方式建设郎溪（中国）经都产业园，着力打造中西部经编纺织基地，成为首个"中国纺织产业转移试点园区"。2011年，嘉善县罗星街道与江西永新县合作共建永新—罗星工业园，嘉善方负责园区整体规划和招商引资等，而永新县负责扎扎实实园区基础设施建设，双方优势互补，致力于建设华东地区最大的皮革制品加工基地和全国重点卫浴五金生产加工基地。

（2）集聚高端要素、倒逼低端转移。浙江省一些地方既"筑巢引凤"又"筑巢孵凤"，大力改善发展环境，引进高端要素，注重人才培养，鼓励发展新兴产业。高附加值产业发展起来以后，低附加值产业被倒逼向外转移。例如，浙江嘉兴先后引进清华长三角研究院、中科院应用技术研究院及中国电器研究院华东分院等机构，在科研力量大大增强的同时培养了新兴产业人才，积蓄了发展力量。

（3）龙头企业布局调整推动产业转移。近年来浙江省雅戈尔集团、培罗成集团、太子龙集团沿长江等均布局了新的生产基地。由于龙头企业特有的行业影响力和号召力，通常会带动相关配套资源的跟随和相关产业的转移，直接促进产业转移承接地包括研发、制造和营销在内的产业分工体系完善，产生新的产业集群效应。

■4.4.4　安徽省推进产业转移实践经验

近年来，安徽省以"中部崛起"战略为契机，发挥区位优势，抢抓国内外产业结构调整机遇，积极争取设立了全国第一个国家级承接产业转移示范区——皖江城市带承接产业转移示范区，承接产业转移成效显著，利用省外和境外资金呈现量质并进的良好态势，助推经济社会发展步入快车道。据安徽省发展改革委和省商务厅统计，2014 年全省亿元以上在建省外投资项目 5 564 个，实际到位资金 7 942.4 亿元，增长 16.9%；实际吸收外商直接投资 123.4 亿美元，同比增长 15.5%。

安徽省利用外资和境内省外资金的情况如下：

（1）产业转移来源地投资力度不减。沪苏浙、北京（含央企）、珠三角是安徽省主要资金来源地，在皖投资占全省利用省外资金的 78.55%。其中，沪苏浙在皖投资项目 3 367 个，实际到位资金 4 155.4 亿元，占全省 52.3%，增长 13.4%；北京市（含央企）在皖投资项目 437 个，实际到位资金 1 139.7 亿元，占全省 14.3%；广东省在皖投资项目 569 个，实际到位资金 943.6 亿元，占全省 11.9%，增长 24.3%。实际到资排名前十位的国家或地区（中国香港、中国台湾、美国、日本、英属维尔京、新加坡、德国、爱尔兰、澳大利亚和利比亚）

合计投资 113.6 亿美元，增长 24.1%。

（2）利用省外和外商投资资金结构更加优化。2014 年，省外投资项目中战略性新兴产业项目 1 440 个，比 2013 年增加 267 个，实际到位资金 2 153.2 亿元，增长 36.6%；现代服务业项目 1 566 个，实际到位资金 2 791.5 亿元，增长 20.9%；服务业实际吸收外商直接投资 56.8 亿美元，增长 87.7%，比 2013 年提高 17.7 个百分点，农、林、牧、渔业吸收外商直接投资 3.1 亿美元，增长 11.1%，制造业引资下降，全年吸收外商直接投资 55 亿美元，下降 17%，但家电及电子信息业利用外资增长 20%。

（3）大企业落户数目增多，项目质量提升。2014 年，新建 10 亿元以上省外投资项目 210 个，包括新建 100 亿元以上项目 3 个；新引进境外世界 500 强 5 家（投资设立了 9 家企业），累计共有 71 家境外世界 500 强在安徽省投资设立了 113 个企业。美国惠而浦公司并购合肥荣事达三洋公司，成立惠而浦（中国）股份有限公司，是安徽省交易额最大的外商投资并购项目、规划体量最大的家电项目、第一个由全球领军企业设立的中国研发总部项目。

安徽省推进产业转移主要做法包括：

（1）打国字号"牌"。一是争取国家"帽子"。2009 年获批成为全国首个承接产业转移示范区，2010 年，国务院出台《皖江承接产业转移示范区规划》。二是放大"帽子"效应。配合国家政策，省人大出台"示范区促进条例"，省政府成立省主要领导挂帅的领导小组，出台"示范区建设意见"（皖发〔2010〕10 号）、"示范区建设考核评价体系"，省级职能部门分别编制基础设施建设、开发区建设等一批专项配套规划。自 2010 年起连续 6 年安排不少于 10 亿元的财政专项资金用于示范区建设。三是争取央企落地。2009 年开始建立央地合作长效机制，省、市及各相关省属企业成立专门工作班子，2012 年省委、省政府率先出台"加强与央企合作意见"，截至 2014

年 9 月底，安徽与央企累计签约合作项目 1 573 个，投资规模超过 29 681 亿元，累计开工项目 1 139 个，实际完成投资 10 362.4 亿元，其中竣工项目 577 个，达产达效。

（2）打长三角"牌"。抓住国家出台长三角规划机遇，大力实施融入长三角战略，构建起沪苏浙皖四省市决策层、协调层和执行层 3 个层面合作机制，每年共同推进《长三角重点合作专题及重点事项》，在高速公路 ETC 互通、能源合作、创新体系、信用体系、社保体系等领域推进一体化合作。四省市政府 2011 年就共同推进皖江示范区建设签订战略合作框架协议，努力服务长三角转型发展，建好"战略后方"[164]。

（3）打承接创新"牌"。积极发挥国家技术创新工程试点省等平台作用，坚持产业承接和自主创新相融合。如合肥依托京东方 TFT-LCD 六代线，打造国家级新型平板显示产业基地，陆续引进彩虹高世代液晶玻璃基板、乐凯光学膜、蓝光 LED、海润光伏电池等国内自主创新型企业，以及法国液化空气集团、日本住友、法国威立雅等世界 500 强企业投资建设平板显示屏配套企业；奇瑞汽车技术自主创新溢出效应加大，引来一大批配套关联企业。对违法违规政策进行全面清理，依法创新产业发展促进政策。例如，设立科技创新、战略性新兴产业、现代服务业等发展专项资金，对利于产业结构调整、质量效益好、环保绿色项目给予引导，对综合社会贡献大的项目给予奖励；设立产业投资基金引导境内外资金投向本地主导产业，坚持阶段参股、适时退出和循环使用。

（4）打园区建设"牌"。在皖江示范区内，先后批准布局建设江北、江南 2 个承接产业转移集中区以及 7 个示范园区，加快推进苏滁现代产业园等一批跨区域合作共建园区建设。支持符合条件的省级开发区申请扩区，破解土地瓶颈制约问题。探索推进省际合作园、省内结对共建园等模式，并在利益分享、支持政策等多方面大胆创新试验，如《关于加快推进皖江城市带承接产业转移示范区建设的若干政策意见》（皖发

〔2010〕10号）规定"在省级以上开发区中设立合作园区，吸引海内外地区政府、开发园区和企业等整体开发。园区新增增值税、所得税市县留成部分2010年起连续6年全额返还"。2013年，安徽省拥有各类合作共建园区111个，从合作地域看，跨境合作（包括台湾）4个，跨省合作35个（其中与沪苏浙地区合作23个、与其他区域合作12个）。

（5）打绿色承接"牌"。一是严把项目环保准入关。坚持从源头上就进行预防和控制，杜绝高能耗、高污染、工艺落后、不符合国家产业政策的项目建设。二是提高投入产出门槛，例如在皖江示范区内要求国家级、市管省级、县管省级开发区亩均投资强度分别不低于400万元、300万元、200万元，亩均税收分别不低于30万元、20万元、10万元[165]。三是积极引导企业集聚发展、集中治污。严格落实建设项目污染防治设施"三同时"制度，加大对重点工业企业的工艺技术改造和废物治理，基本形成了源头控制、过程阻断、在线监测的防治体系。

（6）打优化环境"牌"。安徽省积极复制推广上海自贸区投资管理、贸易监管、金融创新3大板块16项经验做法；在省级政府层面率先垂范，推出省级政府权力清单和责任清单，政府权力、行政审批事项分别精简68.3%、32.6%；专门出台"40条"政策措施来支持皖江示范区建设；大力优化长三角区域通关，企业通关时间节约12~24小时，通关费用降低接近50%。

■4.4.5 江西省推进产业转移实践经验

近年来，江西省坚持"对接长珠闽，融入全球化"，紧盯东部地区产业向中西部转移趋势，开放型经济发展成效明显[166]。2014年全省新批外商投资企业822家，合同外资金额107.27亿美元，同比增长17.46%；实际使用外资金额84.5亿美元，同比增长11.92%；引进利用省外5 000万元以上项目 2 152 个，实际进资 4 540.5 亿元，增长 17.6%。其中，亿元以上重大项目 1 330 个，实际进资 3 885.8 亿元，增长 64.4%。

江西省利用外资和境内省外资金的情况如下：

（1）产业转移的规模越来越大，速度正在加快。2014 年引进外资 1 亿美元以上重大项目 24 个，引进世界 500 强 3 个，全省累计引进世界 500 强 62 家，引进省外 20 亿元以上重大项目 47 个，其中 50 亿元以上项目 7 个，总进资 139.95 亿元，引进央企重大项目 28 个，实际进资 20.66 亿元。

（2）招商引资结构进一步优化。通过开展十大战略性新兴产业和现代服务业招商，实际利用外资制造业占比 66%，服务业占比提高到 26%。

（3）外资企业增资扩股踊跃，2014 年全省共有 204 家企业增资，增加合同外资 32.42 亿美元，其中合同外资增资 1 000 万美元以上项目 65 个，同比增长 54.76%。新增合同外资 25.74 亿美元，增长 115.87%。

（4）产业转移的来源地相对较为集中。香港、台湾省仍然是江西省利用外资主要来源地，占比分别为 78.3%、8.6%。引进新加坡投资增长较快，实际进资 1.4 亿美元，同比增长 67.2%，提高到第 3 位。长珠闽地区占实际利用省外 5 000 万元以上项目资金的 76.4%，广东、浙江、福建居前三位，占比分别达到 28.1%、26.4%、8.4%。

江西省推进产业转移的主要做法包括：

（1）突出实体经济，推进项目引导示范。2014 年，面对经济下行压力加大的严峻形势，江西省坚持把稳增长放在首位，把握工作的力度和节奏，强化经济运行分析调度，积极实施"稳增长 20 条"政策。建立涉企收费清单管理制度，创新融资模式，分别通过"财园信贷通"和"财政惠农信贷通"两种新型金融产品发放贷款 229 亿元和 21.1 亿元。大力上项目、扩投资，加快建设大型基础设施、主导产业和民生事业项目。示范性地向社会推出了 300 个投资项目，鼓励民间资本参与基础设施、公共服务和主导产业领域，民间投资踊跃参与，占全部投资额的 73.2%。全年非公经济增加值占生产总值比上升到 57.9%，提高了 0.5 个百分点。

（2）强调产业特色，打造重点产业集群。根据区域资源特色、经济基础、产业影响力等综合评价，明确了 60 个工业产业集群，要求每个县、市重点发展一到两个产业集群。目前，宜春的锂电新能源、鹰潭的铜合金、樟树的医药等产业集群发展势头迅猛，在全国有一定影响力。2013 年，江西全省重点监测推进的 60 个产业集群实现主营业务收入 6 800 亿元，占全省规模以上工业的 25%；集群内聚集了 1 万多户相关企业，由近 100 万从业人员，占全省工业园区从业人数的 53%；主导产业集群对全省工业主营业务收入和利税增长的贡献率达到三成以上，分别是 38.9% 和 33.3%[167]。

（3）突出有效对接，树立招商重点方向[168]。为了增强产业承接的针对性和有效性，着眼于东部沿海地区重点城市和重点产业分布情况，着眼于中央大型企业和国内知名民营企业，着眼于江西省优势资源深加工的产业项目，着眼于需要向内地转移的沿海传统加工产业，列出"四张单子"，有目的、有对象地面向重点城市、重点园区、重点产业和重点企业开展对接招商活动。

（4）突出科学发展，提升承接产业质量。在承接沿海、境外产业转移时，江西省强调要金山银山更要绿水青山，更加注重择商选资。突出三个"多招"，即科技含量高的项目多招、大项目多招、节能减排项目多招。同时，特别划出"三条红线"：即坚决不能引进大量消耗资源能源的项目、坚决不能引进严重污染环境的项目、坚决不能引进严重影响安全与群众健康的项目。

■ 4.4.6 湖北省推进产业转移实践经验

湖北省不仅在工业基础、科教实力和便利交通等方面与沿海地区相当，而且资源丰富、商务成本较低，具有一定的竞争力。湖北省位于我国中部中心，随着我国经济由外需拉动向内需驱动加速转型，已成为拓展内需市场的前沿阵地，发展态势趋向越来越好。近几年，湖北省以开放为先导，承接产业转移是重要任务之一，形势良好[169]。2013 年，全省新批外商投资项目 297 个，增长 9.6%，合同外资 48.5 亿美元，增长 33.4%，实际使用外资 68.9 亿美元，增长 21.6%；全省引进省外资金项目 2 746 个，实际到资 6 157 亿元，增长 22.2%。

湖北省利用外资和境内省外资金的特点如下：

（1）大项目支撑足。2012 年，全省新批项目 271 个，其中新批投资总额亿元以上且合同外资金额 5 000 万美元以上项目 9 个，均为外商独资企业。全省大项目实际到资同比增长，全省实际到资额 5 000 万美元以上大项目 9 个，总额 10 亿美元，增长 52.9%；实际到资额 500 万美元以上项目 118 个，增长 9.26%；总额 24.13 亿美元，增长 19.6%[170]。2012 年在鄂落户的境外世界 500 强企业达 105 家，其中 2012 年新增 12 家，居中部地区首位。

（2）引资结构进一步优化。第三产业占比提高，增幅领先。2012 年，全省一、二、三产业实际利用外资比重结构为：1.42：65.91：32.67。从各产业实际利用外资看，第一产业 8 070 万美元，下降 32.78%；第二产业 373 419 万美元，增长 13.69%；第三产业 185 102 万美元，增长 48.04%。

（3）省内资金项目来源地较为集中。2012 年，新项目来源地数量前 5 名的省市依次是：广东省（639 个）、浙江省（322 个）、北京市（243 个）、江苏省（230 个）、福建省（213 个），合计约占全部引进项目个数的 60%。

湖北省推进产业转移的主要做法包括：

（1）坚持以招商引资为首要任务。认真贯彻"产业第一，企业家老大"理念，着力推动全省培育重商文化，形成亲商、利商、留商、暖商、敬商、懂商、悦商的企业发展软环境。努力做到敢于开放、真正开放、率先开放、完全开放，坚持把吸引省外、国外资金投资作为各项工作的首要任务，进一步自加压力、强化措施。不断探索依托环境招商、突出特色招商、委托第三方招商和互联网招商等专业化道路，鼓励各地选派精干力量赴长三角、珠三角、环渤海及台港澳、日韩、欧美等地主动上门招商、驻点招商和开展项目对接[171]。

（2）积极打造产业集群。湖北省一些地方着力引进一些产业龙头企业，从而吸引大量同行业或上下游企业、项目落户[172]。例如，黄冈市引进汇源后，娃哈哈、伊利等其他国内知名食品、饮料企业则不甘落后，尾随而至。这些企业在鄂黄长江大桥桥头渐次排开，错位发展、扎堆发展，很快形成了产业集聚，引发了技术溢出。而后，伴随着南街村、稻花香等国内知名大企业的加入，一座食品、饮料新城冉冉升起。通过这种打造产业集群式的产业转移，当地迅速成长起来一个从无到有的产业。

（3）积极促进产业双迁转移。双迁转移是指总部和生产均转移。湖北省一些城市在承接产业转移时也注重中心城市和周边城市互补，打配合战。武汉市是中部中心城市，具有很强的区位、科技和人才优势。武汉市政府着力于创造各种有利条件，吸引跨国公司和大型企业集团总部落户、生根、成长、壮大。武汉市周边城市则发挥劳动力优势、原材料等要素优势，吸引生产制造环节落地。武汉市及周边城市共同打造武汉城市圈，已经形成较为合理的价值链分工，区域产业承接效益最大化得到较好实现。这几年，唯冠科技、华润啤酒、海尔等国内大公司均选择将华中区域总部设立在武汉，同时把价值链上的生产环节布局在武汉周边城市，武汉城市圈的总体竞争优势得到加强。

（4）依托资源禀赋，承接产业转移。湖北省除了水能资源比较丰富以外，一些矿产资源如磷矿、石膏、岩盐等储量也比较丰富，位居全国前列。资源对于产业发展具有不可替代性和消耗性。近年来，湖北省一些城市在资源高效开发与节约利用上做文章，积极引进产业链高附加值环节，最大限度发挥资源效用。例如，黄冈市充分优化开发长江岸线资源，对接引进华海船舶重工、华涌造船、江润造船等一批造船工业项目。应城引进盐化工深加工企业，大冶市引进金属冶炼加工企业，通山引进石材加工企业，钟祥引进磷化工深加工企业等，都属于资源利用型的产业转移。

（5）瞄准市场优势，催发产业转移。企业是逐利性组织。消费市场比较大的区域不仅可以降低交易成本，同时还能拉近产品生产与直接消费者需求之间的距离，是企业必争之地。湖北省由于地理位置因素而对中西部市场的辐射力强，在湖北布局投资不仅能够降低交易成本，而且能够迅速挖掘周边地区市场。例如，宜化集团、久大盐业集团、成都市新都化工，通过收购湖北应城市制盐厂、湖北应城市第一制盐厂、应城市联碱厂和应城市化肥厂，快速进入当地市场，并实现业务快速发展；华润集团出资整体收购枝江市啤酒厂，成功接收当地市场份额。

（6）努力建设园区，夯实产业发展平台。大力推进国家级开发区、荆州国家承接产业转移示范区以及日本产业园、韩国产业园、中新科技产业园等产业示范园区建设，有效推进跨国公司、央企、战略投资者、开发区、发达地区政府、社会经济组织参与省开发区共建，打造承接产业转移的高层次载体。推动构建长江中游城市群，促进区域战略合作，增强招商引资的核心竞争力。

（7）大力促进投资贸易便利化。加快建设武汉东湖综合保税区，协调做好封关验收和运营。推动湖北电子口岸信息平台上线运行，促进信息整合和共享，提升湖北口岸信息化水平。加强口岸区域合作，推进与长三角、珠三角等省市的通关通检合作，加快进出口货物的快速流转。加强口岸通道建设，巩固和发展江海直达航线，推动开通国际直达航线航班，推进武汉铁路口岸建设。

■ 4.4.7 湖南省推进产业转移实践经验

近年来，湖南省千方百计地主动适应经济新常态，大力推进稳增长、促改革、调结构、惠民生，针对经济运行中瓶颈问题实施系列政策措施，全力降低经济下行压力加大带来的风险与威胁，建设"四化两型"，促进"三量齐升"，守住"四条底线"，大力建设湘南国家产业转移示范区，产业发展步入新台阶。湖南省 2014 年引进省外内资项目 5 106 个，实际到位 3 300.79 亿元，增长 14.5%；新批外资项目 539 个，合同外资 111.72 亿美元，实际利用外资 102.66 亿美元，比 2013 年增长 17.9%。

湖南省利用外资和境内省外资金的主要特点如下：

（1）引资结构调整优化。2014 年，全省第一产业实际到位内资 104.63 亿元，比上年增长 5.8%；第二产业实际到位内资 2 128.02 亿元，增长 13.4%；第三产业实际到位内资 1 068.14 亿元，增长 17.6%，比全省平均水平高 3.1 个百分点。全省三次产业实际到位内资的比重分别为 3.2%、64.5% 和 32.3%，第三产业比重比上年提高 0.8 个百分点。

（2）引资来源以泛珠三角地区为主。2014 年，全省实际到位来自泛珠三角地区（除港澳地区）的内资 1 742.39 亿元，比上年增长 15.7%，占全省实际到位内资的 52.8%；实际到位来自长三角地区的内资 573.15 亿元，增长 8.0%，占比 17.4%；来湘投资前 5 位的省市依次为广东（1 214.29 亿元）、北京（431.35 亿元）、浙江（267.65 亿元）、福建（204.62 亿元）和湖北（201.40 亿元）。

（3）重大项目引资加快推进。2014 年，全省实际到位内资亿元以上重大项目 803 个，比上年增加 124 个，实际到位内资 1 655.30 亿元，增长 30.4%，占全省实际到位内资的 50.1%。总投资 20 亿元以上的重大项目 135 个，比上年增加 29 个，实际到位内资 364.95 亿元，增长 60.2%，占全省实际到位内资的 11.1%。全省新批外资总额 3 000 万美元以上的重大项目 34 个。

湖南省推进产业转移的主要工作包括：

（1）严格项目准入标准。重点对接沿海技术和资本密集型产业，包括高端装备制造业、电子信息产业等，着重吸引研发、设计、营销和服务等关键环节落户湖南省"两型社会"改革试验区。在招商选资阶段，对项目开发涉及的国家产业政策、用地需求、投资强度、环境污染等进行综合评审。招商洽谈之后要进入"两型社会"改革试验区的项目，必须由国土、环保、发改委等十几个部门联合会审，只有严格符合国家政策、符合产业规划的项目才能进入签约程序。

（2）不断优化产业布局。整合长株潭三市招商资源，建立平台共建、资源共享的招商机制，避免各自为政、主题重复、无序竞争。就推进湘南承接产业转移示范区建设出台指导意见，出台 34 条操作性强的政策，推动湘南地区在产业发展、载体建设、基础设施建设、土地使用等方面先行先试[173]。

（3）持续改善发展环境。招商引资实施项目代理制，对重大项目均按照一名负责领导、一支推进队、一对一跟踪服务。出台全国第一部行政程序规定优化政府服务。开通省政府英文门户网站，让投资环境更加公开、透明、可预期，并规划建设外商社区、外语学校等，打造亲商、安商、护商的人文环境。持续优化通关环境，高度重视优先建设电子口岸，下大力气推进分类通关改革，跨关区之间推行"属地申报、口岸验放"，在关区内推广"属地申报、快速验放"，将各种通关便利措施落到实处、落到细处，一个高效链接、流程便捷的大通关体系日渐成熟。

■4.4.8　重庆市推进产业转移实践经验

近年来，重庆市将"科学发展、富民兴渝"作为总任务，持续推进五大功能区域发展，着力全面深化改革开放，着力转方式调结构，深入推进内陆开放高地建设，努力培育新常态下经济发展的新机制、新动力，不断加强经济运行调度，着力提高经济发展的质量和效益，全市经济平稳健康发展。

重庆市利用外资和境内省外资金的特点如下：

（1）引进内资进入常态化稳健发展阶段。2001—2013 年，重庆市累计引进外省资金 22 967.07 亿元。2001—2011 年，重庆市引进内资总额从 46.38 亿元迅速扩大到 4 919.84 亿元，增长上百倍，年均增长 59.4%，打下了扎实的基础。经过前 10 年高速发展，2012 年起重庆引进内资开始步入"调结构"阶段。2013 年，重庆市引进内资态势更加平稳，实际利用内资项目 17 920 个，增长 7.4%；金额 6 007.20 亿元，增长 1.6%。超大型项目强劲增长，有力地支撑了内资整体规模。2013 年实际到位资金 5 亿元以上项目 311 个，金额 3 475.08 亿元，增长 23%；10 亿元以上项目 110 个，金额 2 065.61 亿元，增长 37.4%。

（2）实际利用外资继续保持高位增长。2013 年，重庆市新签外资项目 248 个，外资额 40.57 亿美元，分别下降 15.7% 和 27.5%；但实际利用外资 105.97 亿美元，增速与 2012 年持平。尽管国际投资形势持续走低，但重庆市实际利用外资已经连续 3 年突破百亿美元。截至 2013 年年底，共有 230 家世界 500 强企业在重庆市落户。

（3）从资金来源地结构看，多极化格局逐渐形成。2013 年，30 个省区市均有资金投向重庆，呈现出百花争放景象。不仅北京、广东和四川等传统投资大省市投向重庆资金雄厚，上海、江苏、浙江、福建、山东、湖北等省市也表现优异，投向重庆到位资金均逾百亿元。难能可贵的是，河北、山西、河南、内蒙古等省（自治区）投向重庆的资金快速增长，增幅均超过 65%。共 6 大洲 43 个国家（地区）的外企达成了在重庆投资意向。实际到位资金中，亚洲达到 81.11 亿美元，占比超 7 成，其中，中国香港 70.85 亿美元，新加坡 8.29 亿美元，位列前 2 名，分别占 67.2% 和 7.9%。

重庆市推进产业转移的主要做法包括：

（1）搭建市场引导的两大引资平台。一是深入推进内陆开放高地建设。依托寸滩水港、江北机场和团结村铁路中心站等 3 个国家交通枢纽、3 个一类口岸和 3 个保税开放平台，形成 3 个"三合一"的开放体系，顺应服务贸易发展的新业态、新趋势，大力推进服务贸易"五个专项行动"，开放领域逐渐由制造业转向服务业，内陆开放水平迈上新台阶。二是夯实园区发展平台。坚持以高标准规划引导产业园区布局优化，把重点引进辐射带动性强的龙头企业作为园区招商的头号目标，形成垂直化、整合化、一体化的围绕产业链招商模式。2014 年，通过一体化整合，形成"5+6+800"电子信息产业集群，即"5 家品牌商 + 6 家代工商 + 800 家配套企业"，生产了包括 6 100 万台笔记本电脑和 300 万台平板电脑，是全球产量的 1/3；形成"1+10+1 000"国内最大汽车产业集群，即"长安集团 + 北汽、二汽、上汽、福特等 10 个汽车品牌商 + 1 000 个零部件厂商"，汽车产量达 263 万辆，首次跃居全国第一。

（2）构建政府主导的三大合作机制。一是省市政府加强交流合作。每年全市党政代表团均拜访上海、浙江、江苏等省市，建渠道、找项目，力促项目签约。重庆市政府与上海、四川就沪渝川三省市口岸大通关合作签署框架协议，竭力为企业打造高效、便利的通关环境；与广西就深化渝桂合作签署会谈纪要，决定共同加强大通道建设和面向东盟的开放合作[174]。二是推动市级部门对外加强对接合作。例如，重庆市发改委和深圳市贸工局多次互访，就深化渝深合作签署协议，紧密对接深圳多个商会；与温州市就促进产业互动签订协议，邀请浙江知名企业家到重庆投资兴业。三是区县与沿海区县结对招商制度。全市共 40 个区县与沿海发达省市的 92 个区县签署了结对合作协议。

（3）强化四大工作抓手。一是加强规划布局。先后就沿江承接东部产业示范区、区县产业招商、承接中高档陶瓷产业转移等制定规划、出台指导意见，细化招商重点行业、区县和项目，优化产业布局。二是拓宽融资渠道。先后组建金融租赁公司、产业投资基金公司等，为区县加快培育产业和建设升级基础设施提供资金支持。组建三峡产业担保公司，资本金 30 亿元，具备 300 亿元的担保能力。三是集成政策优势。近年来，重庆市拥有众多国家级政策，如国家普惠政策、三峡库区优惠政策、西部大开发优惠政策、内陆保税港区优惠政策和少数民族地区优惠政策等，都是招商引资的优势，整合起来能够有效推动项目落地。四是健全工作机制。注重发挥市直职能部门的作用，明确招商责任，促进职能部门主动服务。如要求市工信部门分管信息产业招商、市国资委分管引进跨国企业集团、市金融部门分管境外上市和募集资金、市土地部门分管境外房地产招商、市外侨办分管引进港澳企业等。

■4.4.9　四川省推进产业转移实践经验

近年来，四川省立足于产业梯度转移的基本规律，一同推进招商引资和产业发展尤其是重大产业发展，取得突出成效。在利用内资方面，1998 年四川建立引进国内省外资金（简称内资）统计制度，当年到位内资 37 亿元，2014 年履约的国内省外投资项目 9 143 个（含往年结转项目），实际到位国内资 8 798.5 亿元，比 2013 年增长 1.2%。在利用外资方面，2014 年实际利用外资 106.5 亿美元，比 2013 年增长 0.7%，外商投资实际到位资金 102.9 亿美元，新批外商直接投资企业 280 家，累计批准 10 472 家，落户四川的境外世界 500 强企业 210 家。

四川省利用外资和境内省外资金的主要特点如下：

（1）制造业为引资第一大行业。2011 年，内资、外资三次产业到位资金比例分为 3.4 ∶ 54.7 ∶ 41.9 和 1.1 ∶ 49.6∶49.3。

（2）投资来源地较为集中。2014 年，内资方面，北京、重庆、广东、浙江、上海在四川投资资金排名前 5 位，约占总量的 70%；外资方面，香港、英属维尔京群岛、新加坡、中国台湾、美国在四川投资资金排名前 5 位，约占总量的 90%，其中香港在四川投资资金占总量的 50%以上。

（3）外资投向地分布极不均衡，内资投向地不平衡状况逐步改善。2011 年，四川省外商投资总额的 84%投向了成都市，绵阳、德阳、眉山、乐山、攀枝花、内江等 6 市到位外商投资超过 1 亿美元。四川省内资投资总额前 5 位的城市到位内资占全省总量的 53.9%，比 2007 年降低 8.9%，16 个市到位内资超过 200 亿元，18 个市（州）超过 100 亿元。

四川省推进产业转移的主要做法包括：

（1）立足四川发展实际，出台指导意见。2008 年 4 月，四川省承接产业转移工作会议召开，提出"努力把四川建设成为产业转移的重要承接地"。省委、省政府就加快推进承接产业转移工作出台指导意见，用"四个坚持"来指导全省承接产业转移工作，即："坚持结合产业承接与产业结构和区域布局优化，坚持结合市场导向与政府推动，坚持结合发挥优势与互利共赢，坚持结合承接产业转移与促进就业增长"。同时，在财政、税收、金融、要素等方面出台了系列促进承接产业转移的扶持政策。

（2）加快建设特色园区，促进产业集群。四川省在 2007 年就全省如何加快工业园区发展出台指导意见，在发展园区经济的企业准入、财政扶持、土地保障、产业转移、融资等多方面提出支持性政策措施。与此同时，高度重视特色产业集群建设。大力研究产业链短缺薄弱环节，促使产业转移"有的放矢",由"招商引资"转变为"挑商选资"。至 2013 年年末,四川有各类产业园区 200 多个,其中国家级 14 个,省级开发区 44 个。已建成 2 000 亿元产业园区 1 个、1 000 亿元产业园区 1 个。

(3)推动互动合作发展,谋求共同利益。充分利用"9+2"泛珠三角区域合作框架等多边区域合作机制、双边合作(川粤、川蒙、川渝、川滇、川鄂、川港等)机制以及"西博会""渝洽会""西洽会""中国—东盟博览会"等合作平台,持续加强与长三角、泛珠三角、环渤海经济带的区域经济合作,提高区域经济互动性,实现优化互补。根据不同区域和产业发展重点,分类引进制造业企业和研发机构。

■4.4.10 贵州省推进产业转移实践经验

2012 年,国务院就如何有效推动贵州省经济社会又好又快发展提出若干指导意见,提出贵州尽快实现富裕是西部和欠发达地区与全国缩小差距的一个重要象征,是国家兴旺发达的重要标志。近年来,在省委、省政府的强力推动下,贵州省对外开放力度空前,生态、资源、劳动力、改革、政策等红利叠加释放,吸引了越来越多国内外投资者的目光,招商引资持续升温。2014 年,贵州省实际利用外资首次突破 20 亿美元,达到 20.7 亿美元,同比增长 35.4%。其中,贵阳市实际利用外资 7.62 亿美元,占总数的 36.81%;引进省外项目 2 341 个,引进省外到位资金 6 271 亿元,比上年增长 25.0%。

贵州省利用外资的特点如下:

(1)第二产业为主。全年批准外资项目 172 个,同比增长 15.4%;合同利用外资 33.9 亿美元,同比增长 187%;实际利用外资 20.7 亿美元,其中,一、二、三产业分别占 1.9%、73.3% 和 24.8%。

(2)利用外资增势强劲。贵州省实际利用外资额从 1984 年的 60 万美元到 2010 年突破 3 亿美元用了 26 年时间,但从 3

亿美元到突破 20 亿美元只用了 4 年。

贵州省推进产业转移的主要做法包括：

（1）促进产业转型升级。大力推进农业产业结构调整，鼓励生态畜牧业、茶叶、蔬菜等生态农业发展，烟、酒、茶、民族医药、特色食品"五张名片"已经形成比较完整的工业体系。采用新技术、新工艺改造升级老工矿企业，结合自身资源禀赋，进入化工和资源深加工领域，打破产品和产业"低端锁定"，迈向中高端。自 2011 年开始在煤电磷、煤电铝、煤电钢、煤电化四个方面推进一体化，贵州省"十二五"期间涉及"四个一体化"的重点建设项目计划总投资达到 2 805 亿元。

（2）加强沟通联系泛珠区域对口帮扶城市。例如，毕节市积极对接对口帮扶城市深圳市，通过深圳、贵州商会牵线搭桥，引进深圳市新大欣科技有限公司，在毕节经济开发区投资 10 亿元建设新大欣高新科技园。毕节国家新能源汽车高新技术产业化基地于 2013 年 11 月 26 日获得科技部正式批复。此时，31 家骨干新能源汽车企业、40 多家汽车零部件配套生产企业已经在毕节集聚，一系列高新技术产品如巨能电池、混燃数控重卡、电动摩托车等相继下线。

（3）加大交通等基础设施投入。贵州省规划"十二五"末铁路通车总里程将达到 5 000 千米以上，高速公路网将形成"六横七纵八联"，总里程 4 500 千米以上。贵阳至广州、长沙、昆明、成都、重庆快速铁路陆续开工建设，贵阳通往全国的"7 小时快铁交通圈"指日可待。开工建设贵阳至广州高速公路、快速铁路，即将形成从广州经广西、贵州、云南至曼谷的"新南方丝绸之路"，最终将成为一条连接泛珠三角地区和东盟的国际旅游大通道。

（4）坚持"寓生态保护于工业化进程"。贵州省对产业转移项目的环境影响评价严格把关，结合贵州资源承载力和环境容量，对项目的资源耗损以及环境破坏程度充分论证，追求绿色 GDP，把可能有损贵州生态省、公园省的项目拒之门外。

4.4.11 云南省推进产业转移实践经验

2011 年 5 月，国务院就支持云南省加快建设面向西南开放重要桥头堡出台指导意见，提出要把云南打造成为我国重要的清洁能源基地、新兴石油化工基地，重点推进化工、有色、钢铁等产业优化升级。2014 年，云南省区域合作和内外资引进继续保持平稳较快发展态势，全省新签约国内合作项目2 760 个，增长 5.5%，省外到位资金首次突破 5 000 亿元，达到 5 353.9 亿元，增长 34.9%；全省实际到位外资 27.06 亿美元，增长 7.6%。

云南省利用外资和境内省外资金的特点如下：

（1）产业转移已经成为云南省产业结构转型升级的活水源泉。2014 年，云南省亿元以上重点项目 408 个，其中招商引资项目 177 个，占全部项目总数的 43.4%，投资额占全部项目投资额的 41%；全省能源项目 90% 以上是招商引资项目；全省总投资额超过 1 200 亿元的 60 个旅游小镇建设项目和 50 个休闲度假旅游重大项目 80% 以上是招商引资项目。

（2）主要投资区域投资增势强劲。2014 年，北京（含央企）、四川、浙江、广东、福建居外省区市在滇投资到位资金前 5 位，共到位资金 3 521.3 亿元，占全省投资总额的65.8%，其中北京（含央企）到位资金超过 1 300 亿元。重庆、江西、广东、贵州、安徽等 11 个省区市的到位资金增幅超过 50%。

（3）利用外资质量明显提升。2014 年，21 个省级重点外资项目中 76% 签约落地；成功引进了德国拜耳集团、英国渣打银行 2 家世界 500 强企业；一些前期落户的大企业，如可口可乐、华润集团、嘉华集团等继续追加投资，扩大规模。

云南省推进产业转移的主要做法包括：

（1）多领域优化环境。一是统一部署。召开全省招商引资工作大会，省政府出台全面加强招商引资意见（云政发〔2012〕22 号），并陆续推出工业园区、林业招商引资等配套文件。强调全省上下将发展列为第一要务、招商化为第一要事，以大招商推动大投资促进大发展。二是落实政策。与 32 个国家部委、18 家大型企业和 8 家银行签订战略合作协议，推动"云南意见"各项优惠政策进一步细化落实。在投资领域、发展平台、财税扶持、生产要素保障、审批效率等方面制订一批专门措施，保障招商项目"零障碍、低成本、高效率"落地生根。三是完善硬件。提速建设国际交通大通道、能源大通道、物流大通道及通信信息大通道，公路、铁路初步形成"八入滇四出境"网络，机场形成国际机场、支线机场"1+11"格局，国家级开放口岸达 11 个，是全国 6 个区域性国际电信业务出入口局之一。

（2）多渠道招商推介。一是重点产业招商。围绕产业结构调整、产业链构建和产业园区培育，既抓高原特色农业、生物、矿产、能源、旅游等传统优势产业招商，又抓高端制造业和战略新兴产业招商，通过央企入滇、民企入滇、外企入滇系列专题活动，引进产业层次高的龙头项目、配套项目和研发机构。如联合全国工商联在京举办民企入滇座谈会，召开"中国昆交会"等。二是大通道招商。重点围绕昆曼、昆瑞、昆河 3 条国际大通道，沿线各州市根据区域功能定位和产业布局引进投资者。三是专业化和针对性招商。组织专门力量研究欧美、日韩及港澳台等地区，东南亚、南亚侨商侨资，东部沿海外资和民企聚集区，以及大企业、大集团、上市公司投资动向，采用专业化小分队定向、定点招商。四是以商招商和中介招商。通过成立异地驻滇商会会长俱乐部、商会培训基地，与"新沪商联合会"签署战略合作协议等平台，密切与行业协会、龙头企业、外埠商会工作互动，形成引进一个、建好一个、带来一批的"葡萄串"效应。五是园区招商。通过与国内外有管理经验和资金实力产业园区建立友好园区、姊妹园区等，鼓励来滇兴办"园中园"，已与浙江等有关园区达成初步意向。

（3）多方联手合作。一是国际合作，深度融入中国—东盟自贸区，利用大湄公河次区域和孟中印缅区域合作机制，建设4条经济走廊，即昆明—河内、昆明—仰光、昆明—曼谷和昆明—南亚。重点建设瑞丽重点开发开放试验区，引进香港雅居乐、中国华力、滇虹药业等一批知名企业。二是国内合作，利用泛珠三角合作机制，加强承接粤、闽、港、澳产业转移，利用沪滇对口帮扶机制，滚动推进双方年度重大合作项目，全方位拓展与长三角、环渤海合作。加强与周边成渝经济区、北部湾经济区等区域对接联动。2014年相继举办川滇、滇浙经贸合作交流活动，还将推出"桥头堡建设"上海、广东、南京推介会，云南生物产业天津专题推介会等11项重大招商合作活动。

（4）多层次机制保障。一是高位引领机制，成立省长亲自挂帅的招商引资工作委员会，设立省招商合作局。2011年起省财政每年安排5 000万元专项资金用于省级重点招商项目前期费补助、包装推介、组团参展、考核奖励等。各州市、县也参照省里做法建立健全工作机构及经费。二是省、州市和县（园区）三级分类协同推进机制，特别重大项目省领导主抓，不定期召开专题推进会；省级重大项目"一事一议"特殊评审，相关职能部门在规划引导、要素配置、政策支持等方面密切配合；市县项目所在地一把手负责，探索省内区域间招商引资项目流转、利益协商分享机制，避免同类项目恶性竞争。项目责任单位每季度提供进展情况和需协调问题，由省招商合作局汇总分析后上报。三是项目策划储备机制。重点加强高原特色农业、现代工业、战略性新兴产业、现代服务业等领域项目策划，做实做细前期工作。每年筛选一批重点项目纳入省级招商引资项目库。四是签约项目合同管理机制，明确投资者与项目所在地政府双向承诺和制约条款，提高项目履约率。五是健全招商引资统计制度，确保科学性和规范性。

通过对长江经济带 9 省 2 市推进产业转移实践考察，可以得到有效推进产业转移的一些重要启示。

（1）注重产业承接与培育新的竞争优势相结合。在推进产业转移的过程中，各省市仅仅立足于自身现有的比较优势远远不够，更为重要的是要充分挖掘资源的潜在竞争优势，需要对现有资源禀赋进行优化整合，抢占产业价值链高附加值部分，努力实现依赖要素禀赋低成本的比较优势向依赖创新和技术变革的高级竞争要素转变[175]。否则，可能就会长期陷入区域产业分工的低附加值环节，并最终落入"比较优势"陷的泥潭之中。

（2）注重高端承接与产业基础相协调。产业承接地应当秉承"有所为、有所不为"的原则，按照实现区域可持续发展的要求，把握产业发展规律和区域产业优化升级的需要，有选择地引进和承接转出地的产业，积极引进和承接高端产业，避免盲目承接低"三高一低"的产业。同时，高端承接也并不意味着不需要考虑承接地的客观实际。相反，承接产业转移必须坚持适应性原则。一方面，承接的产业要与所在地的实际产业生态相适应，承接地对产业自身要有消化、吸收和再创新的能力；另一方面，在考察转移产业时要主动对接国家和所在地的产业政策、布局定位、发展重点，从有助于促进承接地产业结构升级和经济转型出发进行决策[176]。

（3）注重打造集群转移与集群承接新模式。长江经济带发达省市产业集群发展遇到了成本上升、国外需求萎缩等问题，集群转型升级很迫切，产业集群转移和结构调整已经成为趋势。由于产业集群的极化效应，企业单独转移存在很大的风险，选择集群式转移有利于克服企业水土不服和获取集聚效益。同时，承接产业转移的地区应深刻把握产业集群转移的基本规律，通过科学规划、优化布局、创新举措吸引转出地的产业集群，实现产业集群成功地由转出地转向承接地。

（4）注重配套引进与配套完善并举。在承接产业转移过程中，承接地应需要选择对培育和发展本地优势产业与发展最关键的产业（企业）以及对本地相关产业前向、后向关联效应强的产业（企业），通过嵌入其他地区相关产业，带动本地优势产业向高水平、宽领域、纵深化方向发展。与此同时，产业链配套在很大程度上影响着产业转移的目标区位选择，也决定着承接产业日后健康发展。因此，要多措并举地完善产业配套，成功吸引和承接高端产业的转移进入。

（5）注重硬环境与软环境双优化。承接地政府应不断完善本地各项基础设施建设和企业投资与发展的各项软环境，为承接产业转移和企业发展创造良好条件。包括加快建设与维护基础设施，打造立体交通网络；积极运用新一代信息技术的运用，建设信息高速公路；多方筹措保障能源供应，切实降低企业能源使用成本；加大环境保护执法力度，营造良好的生态环境。同时，要优化发展软环境，改革对接服务的体制机制，包括提高政府工作效率、营造良好诚信环境，加强金融和创新服务以及发挥好非政府组织的纽带和桥梁作用。

4.5　长江经济带推进产业转移存在的问题

随着长江经济带跨区域产业转移不断推进，一些和产业转移相关的经济问题和现象也不断出现，值得重视。这些问题中有属于市场经济中的正常现象，有些则是完全可以避免的，需要借助政策措施干预和调整得到解决。总体看来，这些问题包括4个方面。

■4.5.1　产业转移存在"恶性竞争"问题

当前，欠发达地区都在加快承接产业转移，但能够转移出来的企业总量有限，地方政府之间为了抢夺有限的转移项目，比拼各种优惠政策来吸引产业转移，出现恶性竞争。从承接地来看，恶性竞争主要表现在以下方面。

（1）生产要素"优势"的恶性竞争，造成有限的土地和其他资源严重浪费。一些地方利用土地、矿产等资源优势，大力承接各类产业转移，各地为了争夺项目，比拼优势，以土地换投资、以资源换投资，造成一批企业进驻后，仅少量投资，其重要目的是为了"圈地""圈资源"。结果造成大量土地囤积，使后进者无法进入，资源被过度开采、恶性开采，造成资源浪费。

（2）优惠政策恶性竞争，造成地方的短期"福利"损失。一些地方政府为了争夺产业转移项目，纷纷以税收优惠、租金补贴等方式展开恶性竞争。地方政府竞相招商引资大大提高了企业的议价权。很多企业利用一方政府的优惠政策向另一方政府索要同等条件的优惠，或与多地政府谈判后再综合利弊权衡选择。结果各方也会陷入"囚徒困境"，导致地方利益的不同损失，甚至使地方政府被迫过度出让未来几年的税收、租金等收益，单纯计算企业税收贡献和转入地政府出让的"经济账"，得不偿失、入不敷出。例如，某大型电子企业转移到中部省份的一个地级市，该地区的全年财政收入 80 亿元左右，对此企业的各类补贴高达 43 亿元，该地区 5 年内需要 10%公共财政支出为该企业服务。

但是，恶性竞争问题需要区别对待。矿产、土地资源不可再生，对造成资源浪费的问题应该坚决制止。对于地方政府的短期福利损失问题，需要考虑能否给本地带来长期综合效益。很多转入企业的实例表明，许多大型企业的转移可以带动一批上下游企业入驻，提高当地就业，扩大"嵌入"产业对当地经济的溢出和示范效应。如果从长期看，能够给承接地带来就业，带来整体经济的快速增长和结构调整优化，在地方政府财力可承受的范围内，还是可以接受的。

■4.5.2 产业转移存在"无效转移"问题

当前发达地区转移出去的要素约束型企业整体素质不太高。欠发达地区许多地方为了加快本地经济发展,无选择性地承接产业转移,导致"无效转移"。

(1) 欠发达地区承接产业转移环境门槛较低,导致大量污染转移。近年来,一些政府将招商引资列为重要工作目标,一部分污染产业也有向中西部蔓延的趋势。当沿海发达地区关停大量污染企业时,迫于完成工作目标的压力,一些欠发达政府部门也会赶赴当地招商引资,"驱污"和"引污"同时进行,污染得到转移。自 2004 年起,中国铅酸蓄电池生产基地——浙江省长兴县大规模整治铅酸蓄电池企业。经过整治,原来的 175 家蓄电池生产企业只剩下 50 家,但是整个过程中不乏江西、湖北、安徽、云南等地赴长兴县针对蓄电池生产企业进行招商引资[177]。

(2) 转移企业对承接地产业带动能力不强,许多企业属于"无根性"企业,甚至对当地企业产生"挤出效应"。尽管大多数地区在承接产业转移时强调产业对接,也存在转移过来的企业很多自成体系,和本地企业关联性不强,没有真正融入到地方经济,地方政府对此也感到担忧,担心企业在享受完政策优惠后会转移到其他地方。企业离开原来所在地的各种原因中,"原产地优惠政策结束"因素属于重要因素。更重要的是,这些企业由于享受的政策比本地企业政策优惠,在生产相同产品时往往比本地企业更具优势,从而挤压本地企业发展空间。

(3) 地方政府"公司主义"是造成产业无效转移的主要原因。目前,部分地方政府具有明显的"公司主义"特征,其重要表现是,地方政府行为日益"短视化",注重眼前利益。一些地方政府为了发展本地经济,招商引资成为头等大事,承接产业转移中存在"泛工业化"倾向,强调承接转移的数量和规模，而忽视对本地产业的带动能力，对企业投产后与现有产业的对接和融合缺乏相应的规制和引导。甚至只要能够引进项目，为了发展本地经济，尽管国家有各种投资限制，但实际上形同虚设。从而使得部分地区直接或间接地引入了不少高能耗、高污染项目。广东某著名大型医药企业污染比较严重的生产环节转移到湖南省某地市，其主要原因是该地环境门槛比较低。

■ 4.5.3 产业转移加重"产能过剩"问题

（1）产能过剩行业的转移本身是市场经济正常现象，但政府作用不当是导致产能过剩加剧的重要原因。在市场机制作用下，企业向资源丰富地区转移，或者向市场需求旺盛地区转移，以降低运输成本和原材料成本，提高企业的盈利能力，这是市场经济的正常现象。但有两个方面因素导致产业转移客观上加剧了相关行业的"产能过剩"：其一，部分地方政府过度介入经济发展，加剧了相关行业的产能过剩。一些产能过剩行业的企业从市场角度一般并不愿意进行投资，但在地方政府土地廉价使用、税收减免等政策吸引下，往往会进行投资生产；其二，国家对产业布局调整的宏观调控政策不明确，使地方政府各自为政的发展模式严重制约要素资源的有效配置，加剧部分行业产能过剩。

（2）部分产能过剩行业跨区域转移加重"产能过剩"问题。当前部分产业和领域存在比较严重的产能过剩问题，其中，以劳动密集型行业为主的轻工业退出壁垒相对较小，产能过剩可以在市场竞争和转移中消化，而以资本密集型行业为主的重化工业，资产专用性强，沉没成本高，加上其中的许多行业国有经济比重高，退出壁垒高，在转移过程中往往是采取新建而不是搬迁等方式，在此情况下将加重产能过剩问题。

■4.5.4 产业转移出现"腾笼换鸟"悖论

近年来，长江经济带一些发达省份也提出"腾笼换鸟"的政策，以促进本地产业转型升级。但是"腾笼换鸟"存在一种悖论现象，即经济形势好，政府推动产业转移的积极性强，企业不愿意走；经济形势不好，政府不愿意推动转移，但企业不愿意留。在 2008 年国外金融危机前，全国经济形势较好的情况下，许多地方对此政策积极性比较高，部分地区专门成立"产业转移促进中心"等机构。国际金融危机过后，国外和国内厂商投资热情减弱，发达地区担心本地企业转移出去之后，难以引进新的项目，更加重视企业就地转型升级，对推动产业对外转移的积极性减弱。

一个地区产业转型升级可以通过企业就地转型升级（就地淘汰落后产能和创新来实现）和异地转移（主要是要素约束型转移）两种方式实现，转移往往是因为就地升级难度更大。要素约束型转移从理论上可以实现"腾笼换鸟"，促进产业转型升级。但转移出去大量企业后，一旦后续产业难以跟上，将导致地区产业发展出现"空心化"问题。发达地区的地方政府希望借产业转移之机，大力推动传统产业和低端环节转出，引进或培育新兴产业和高端环节；但是又希望在有大量新兴或更高端外来资本源源不断进入的情况下才考虑将原有传统产业或制造业低端环节转移出去，以防止出现"腾笼无鸟"的现象。在金融危机之前，国家商务部和昆山市政府合作成立"产业转移促进中心"，但推动产业转移的效果并不明显；而金融危机后，许多企业悄悄搬走，并没有政府推动。现在"产业转移促进中心"的工作不能得到当地政府支持。地方政府担心，如果强调产业转移，会给现有劳动密集型企业带来恐慌，认为政府要赶自己走，给现有企业生产造成一定的影响，而且给招商引资造成困难。在经济形势好的时期，政府大力实施"腾笼换鸟"政策，但企业并不愿意转移（因为这个时期企业盈利水平高，而转移是存在风险和不确定性的）。然而，一旦经济增速放缓，企业出于节约要素成本的动因，往往还是会转移到中西部地方。

保持政策的长期性和稳定性是破解悖论的关键。产业转型升级是一个国家和地区经济发展到一定阶段后的必然规律，是一个长期趋势，也是经济发展方式转变的关键。为此，"腾笼换鸟"政策作为推动地区产业转型升级的重要政策，应该具有长期性、稳定性特征。但地方政府"公司主义"导致目标日益短视，加上许多地方由于领导人变换频繁影响到该地区政策持续性，在短期宏观经济波动情况下，"腾笼换鸟"往往成为一个短期性政策，其政策效果难以奏效。一方面，通过更高一级政府来（如中央政府）推动某些地区的"腾笼换鸟"，将会大大提高该政策的长期性和稳定性。另一方面，为了不因推动"腾笼换鸟"而影响地方发展经济的积极性，需要鼓励政府创新推动产业转移的模式，由被动适应企业转移转变为地方政府和承接地之间建立合作关系，主动推动产业转移。

4.6 小 结

（1）总结了我国产业转移的历程和现状。将我国产业转移历程划分为 4 个阶段，提出我国产业转移的特点包括 5 个方面：一是从产业转移的流动方向看，引进与走出去齐头并进；二是从产业转移的演进路径看，链式组团转移逐渐增多；三是从产业转移的承接方式看，合作共建园区渐成气候；四是从产业转移的质量效率看，协调互动转型迈向新阶段；五是从产业转移的经济效益看，经济增长差距日益缩小。

（2）对近年来长江经济带产业转移的工作体系进行了概括。从严格意义上讲，我国目前尚未形成独立的长江经济带产业转移工作体系。中央推进长江经济带产业转移的各项工作均包含在全国产业转移工作体系之中，包括持续落实有序转移，着力抓顶层设计；持续优化产业结构，着力抓分类指导；持续夯实平台基础，着力抓试点示范；持续完善联动机制，着力抓服务对接。

（3）探讨了长江经济带 2005—2013 年产业转移现状。对大类产业区位变化情况进行分析，指出 2005—2013 年长江经济带 9 省 2 市均发生了产业转移，长江下游地区产业转出明显，长江上中游地区产业承接明显，但集中在第二产业，尤其是工业。对产品产量区位变化进行分析，从产品产量区位变化平均值看，长江下游主要产品生产占全国比重呈下降趋势，而中上游地区除贵州外均呈现上升趋势，尤其是向四川、重庆、安徽、湖南转移趋势明显。

（4）分别对长江经济带 9 省 2 市推进产业转移工作的基本情况和主要做法进行了归纳和总结。总结出 5 条省市推进产业转移有益启示，即注重产业承接与培育新的竞争优势相结合、注重高端承接与产业适应相协调、注重打造集群转移与集群承接新模式、注重配套引进与配套完善并举、注重硬环境与软环境双优化。

（5）提出长江经济带省际产业转移需要重视的 4 个问题：承接产业转移"恶性竞争"问题、承接产业转移的无效性问题、"产能过剩"行业的转移问题和"腾笼换鸟"的悖论问题。

■ 第 5 章 ■

长江经济带产业转移绩效评价

显而易见，产业转移的目的并不是为了转移而转移，企业是为了获得新的竞争优势，而政府是为了提升当地的产业发展规模、质量、效益等。本章将提出产业发展现代化的概念，探索用省市产业发展现代化水平的变化来对各省市产业转移进行评价。

5.1　产业发展现代化的内涵

实现经济现代化是我国建设中国特色社会主义总任务的重要组成部分。2012 年 11 月 8 日，中共十八大隆重开幕，胡锦涛总书记作报告，要求坚定不移地沿着中国特色社会主义道路前进，坚持为全面建成小康社会而奋斗。报告提出要在中国共产党成立一百年时全面建成小康社会，报告明确了"建设中国特色社会主义，总依据是社会主义初级阶段，总布局是五位一体，总任务是实现社会主义现代化和中华民族伟大复兴"。社会主义现代化是"五位一体"的现代化，也就是经济、政治、文化、社会和生态文明现代化，其中，经济现代化是其他4 个现代化的重要引领和支撑，而经济现代化离不开产业发展现代化的实现。

本书主张产业发展现代化是基于现代科学技术基础，瞄准现代世界先进水平，以现代发展理念发展产业。

（1）将产业发展建立在现代科学技术基础上，就是坚持创新驱动。改革开放以来，我国很多地区产业的快速发展有赖于劳动力和资源环境的"低成本优势"以及"改革开放红利"。新时期，低成本优势将逐渐消失，世界经济复苏缓慢，唯有科技创新具有乘数效应。科技创新不仅可以直接转化为现实生产力，而且可以通过科技扩散、知识溢出作用放大各生产要素的生产力，提高社会整体生产力水平。与要素和政策优势不同，科技创新非常难以模仿、具有高附加值。因科技创新而获得的创新优势持续时间长、竞争力强。

（2）达到现代世界先进水平，是处于产业价值链主导地位、高质量发展的必要条件。世界越来越成为一个联系紧密的整体，产业现代化也将越来越成为一个世界性的发展问题。发达地区通过先行现代化来求得新的提高与发展，以紧紧跟上世界科学技术的进步，时刻保持自己在经济方面的领先地位。而欠发达地区被迫通过"赶超"型现代化赶上并超过发达地区，积极使自己摆脱落后，抢占世界领先地位。但是，无论如何都必须瞄准同一个标准，那就是现代世界先进水平；否则，只能长期处于价值链末端，就难以高质量发展。

（3）在产业发展中贯彻现代发展理念，就是贯彻落实科学发展观。胡锦涛总书记在 2003 年 7 月 28 日的讲话中提出科学发展观。它的第一要义是发展，核心是以人为本，基本要求是全面协调可持续性，根本方法是统筹兼顾。科学发展观处于不断发展之中：中国共产党第十七次全国代表大会（简称中共十七大）上，科学发展观被写入党章；中共十八大报告中，科学发展观被列入党的指导思想；2012 年 11 月 14 日，中共十八大通过《中国共产党章程（修正案）》，科学发展观同马克思列宁主义、毛泽东思想、邓小平理论、"三个代表"重要思想一同成为党的行动指南；当前，习近平总书记治国理政新思想也是科学发展观的继承与发展，多种场合强调要将中国制造转变为中国创造、中国速度转变为中国质量、中国产品转变为中国品牌。

5.2　省域产业发展现代化水平评价指标体系

根据产业发展现代化的内涵，可从包括创新驱动、全面（数量、速度、质量、效益）、协调、可持续和以人为本 5 个方面衡量产业发展现代化水平。

（1）要看是否洞察世界科技发展趋势并迅速转化为现实生产力，做到创新发展。提高产业科技创新能力，是走内涵式发展道路和推动产业转型升级的根本要求。当前，科技创新能力不强已成为制约我国很多地区经济发展的重要瓶颈[178]。我国仍然存在大量传统产业，完全用现代高技术产业取代传统产业则并不实事求是，可行的办法就是用现代科学技术去对传统产业进行技术改造，渐进式促进传统产业的升级和优化。永远不要小看传统产业的发展空间。很多地区经济现代化进程中的现实选择[179]是：注重现代产业与传统产业的相互促进，积极运用现代技术手段改造传统产业，不断提升传统产业技术构成和水平。

（2）要看是否兼顾产业发展规模、速度、质量和效益有机辩证统一，做到全面发展。对于尚处在加速发展阶段的地区而言，产业发展要具备一定的增长数量和速度。但是，如果片面追求增长数量和速度，将可能出现资源难以支撑、环境难以承载、产业结构失衡等一系列严重问题，这将大大影响到国民经济整体的可持续发展。因此，实现数量、速度、质量和效益的有机统一，是确保产业健康发展的着力点和关键点。发展仍是解决中国一切问题的基础和关键[180]。

（3）要看是否统筹城乡发展，做到协调发展。城镇化是经济体制改革的重大战略问题。党的十八大在提出推进城乡发展一体化的同时，从全面建成小康社会的全局提出城乡收入倍增计划，强调城乡居民收入增长的协调一致，避免城乡居民收入差距的进一步扩大。

（4）要看是否贯彻资源节约型和环境友好型的可持续发展理念，做到绿色发展。提升产业现代化水平，必须提高资源的集约和综合利用水平，有效控制污染物排放，在资源节约、环境友好的基础上增强产业可持续发展能力。

（5）要看是否坚持为了人民发展、依靠人民发展、人民共享成果，做到以人为本。产业现代化的推进必然带来全社会劳动生产率的大幅提高。在这期间，由传统产业分离出来的劳动者也会日益增多，这就必然给劳动就业带来巨大压力。提高产业发展现代化水平，既要充分依托人才和劳动力资源方面的巨大优势，更要着眼于解决广大人民群众的就业问题，并不断提高产业从业人员的工资报酬水平，使企业员工都能够分享经济发展的成果。

产业发展现代化是一个相对的动态概念，现代科学技术日新月异，现代发展理念与时俱进，现代世界先进水平瞬息万变，衡量产业现代化水平的标准也相应地需要做出调整。当前，从概念内涵相关性、数据可获得性和可比性等方面综合考虑，着重从产出角度评价产业发展现代化水平，构建了指标体系，共有 8 个一级指标，15 个二级指标，见表 5.1。

表 5.1　省域产业发展现代化水平评价指标体系

序号	一级指标	序号	二级指标	数据来源或计算方法
1	创新驱动	1	R&D 研究经费支出/元	全国科技经费投入统计公报
		2	有效发明专利数/件	国家知识产权局统计年报
2	规模	3	GDP/亿元	
		4	全社会固定资产投资/亿元	
		5	进出口总额/万美元	
3	速度	6	GDP 增速/%	
		7	全社会固定资产投资增速/%	
		8	进出口总额增幅/%	

序号	一级指标	序号	二级指标	数据来源或计算方法
4	质量	9	高技术产业主营业务收入增幅/%	2013年数据来自《中国科技统计年鉴2014》主营业务收入；2005年数据来自《中国科技统计年鉴2006》销售收入数据
5	效益	10	人均GDP/元	
6	协调	11	城乡居民收入比/%	农民人均纯收入/城镇居民人均收入
7	可持续	12	电力消费GDP贡献率/（元/千瓦时）	GDP/电力消费
		13	废水GDP贡献率/（元/吨）	GDP/废水排放总量
8	以人为本	14	城镇居民人均可支配收入/元	
		15	农村居民人均纯收入/元	

注：除有效发明专利数、高技术产业主营业务收入之外，数据均根据中国统计年鉴（2006—2014）整理计算。

表5.1中所选取指标均为效益型指标，即数值越大越好。为消除各指标量纲的不一致性，令评价对象 $i \in I$，$I = \{1, 2, \cdots, m\}$，一级评价指标 $k \in K$，$K = \{1, 2, \cdots, l\}$，二级评价指标 $j \in J$，$J = \{1, 2, \cdots, n\}$，设 x_{ij} 是第 i 个评价对象在第 j 项二级指标的指标值，y_{ij} 是第 i 个评价对象在第 j 项二级指标标准化处理后的值，按照下式对效益型指标数据进行标准化处理：

$$y_{ij} = \frac{x_{ij} - x_j^{\min}}{x_j^{\max} - x_j^{\min}} \qquad (5.1)$$

式中：$x_j^{\max} = \max\{x_{ij}\}$；$x_j^{\min} = \min\{x_{ij}\}$。对标准化指标值 y_{ij} 进行归一化处理：

$$p_{ij} = \frac{y_{ij}}{\sum_{i=1}^{m} y_{ij}} \qquad (5.2)$$

5.3 基于熵权–TOPSIS 法的产业发展现代化水平评价方法

关于评价指标的赋权，有专家评分法、层次分析法、模糊综合评价法等多种方法，本书采用熵值法确定指标的权重。按照信息论基本原理的解释，信息是系统有序程度的一个度量，而熵用来度量系统的无序程度[181]。熵权法是一种客观赋权方法，其理念是如果指标的熵越小，该指标提供的信息量更加丰富，在综合评价中所起作用应当更大，权重就应该越高。此方法现在广泛应用在统计学各个领域，计算步骤如下：

（1）计算第 j 项二级指标的熵，即 $H_j = -\sum_{i=1}^{m} p_{ij} \ln p_{ij}$, $j \in J$。

（2）构筑辅助变量，即 $M_j = 1 - \dfrac{H_j}{\ln m}$, $j \in J$。

（3）计算各二级指标的熵权，设 ω_j 是第 j 个评价指标的熵权，则有 $\omega_j = M_j \Big/ \sum_{j=1}^{n} M_j$, $j \in J$。

（4）计算各一级指标的熵权 ω_k, $k \in K$，即所涵盖二级指标熵权之和。

按照熵权法，分别对 2005 年、2013 年省域产业发展现代化水平评价指标体系的权重进行赋值，见表 5.2。

表 5.2 基于熵权法的产业发展现代化水平评价指标体系权重

序号	一级指标 k	权重 2005 年	权重 2013 年	序号	二级指标 j	权重 2005 年	权重 2013 年
1	创新驱动	0.16	0.21	1	R&D 研究经费支出/元	0.09	0.09
				2	有效发明专利数/件	0.08	0.12

序号	一级指标 k	权 重		序号	二级指标 j	权 重	
		2005 年	2013 年			2005 年	2013 年
2	规模	0.28	0.26	3	GDP/亿元	0.05	0.05
				4	全社会固定资产投资/亿元	0.05	0.04
				5	进出口总额/万美元	0.17	0.17
3	速度	0.09	0.10	6	GDP 增速/%	0.03	0.04
				7	全社会固定资产投资增速/%	0.05	0.01
				8	进出口总额增幅/%	0.02	0.05
4	质量	0.18	0.15	9	高技术产业主营业务收入增幅/%	0.18	0.15
5	效益	0.06	0.06	10	人均 GDP/元	0.06	0.06
6	协调	0.02	0.04	11	城乡居民收入比/%	0.02	0.04
7	可持续	0.05	0.08	12	电力消费 GDP 贡献率/（元/千瓦时）	0.02	0.03
				13	废水 GDP 贡献率/（元/吨）	0.03	0.03
8	以人为本	0.17	0.12	14	城镇居民人均可支配收入/元	0.1	0.07
				15	农村居民人均纯收入/元	0.06	0.05

从表 5.2 中可以看出，2005 年、2013 年，确定相对评价国内产业发展现代化水平的一级指标中，规模、质量、以人为本权重较高，但有所下降，而创新驱动的重要性有所上升；二级指标中，进出口总额、高技术产业主营业务收入、有效发明专利数、城镇居民人均可支配收入比重较高。

各指标权重确定后，由归一化矩阵 $P = (p_{ij})_{m \times n}$ 和权重向量 $\omega = (\omega_1, \omega_2, \cdots, \omega_n)$ 可构成归一化决策矩阵，设为 $A = (a_{ij})_{m \times n} = (p_{ij} \omega_j)_{m \times n}$。

利用熵权法确定指标权重后，对于各省域的评价，采用优劣解距离（Technique for Order Preference by Similarity to an Ideal Solution, TOPSIS）法。TOPSIS 法是一种逼近理想解的排序方法。其基本原理是测度综合评价问题中评价对象指标评价向量与理想解和负理想解的相对距离，按照相对距离进行排序。其中，理想解（记为 x^+）是一个理想的最优解，它的各个指标值都是综合评价问题中各指标的最优值；负理想解（记为 x^-）是另一设想的最劣解，其各个指标值都达到综合评价问题中各指标的最差值，故也称为最劣解。各省排序的规则是将各省一级、二级指标值与 x^+、x^- 进行比较，若较接近 x^+，同时又较远离 x^-，则该省即为所评省域中该指标表现相对较好的省，步骤如下：

（1）计算各二级指标理想解和负理想解，分别构建理想解向量 x^+ 和负理想解向量 x^-。

$$x^+ = \{a_j^+\} = \{\max (a_{1j},\ a_{2j},\ \cdots,\ a_{mj})\},\ j \in J \quad (5.3)$$

$$x^- = \{a_j^-\} = \{\min (a_{1j},\ a_{2j},\ \cdots,\ a_{mj})\},\ j \in J \quad (5.4)$$

（2）采用欧几里得距离公式，设各省一级指标 k 包含的二级指标集合为 J_k，分别计算各省 i 的一级指标 k 评价值到理想解 x^+ 的距离 d_{ik}^+ 和到负理想解 x^- 的距离 d_{ik}^-：

$$d_{ik}^+ = \sqrt{\sum_{j \in J_k} (a_j^+ - a_{ik})^2},\ i \in I,\ k \in K \quad (5.5)$$

$$d_{ik}^- = \sqrt{\sum_{j \in J_k} (a_{ik} - a_j^-)^2},\ i \in I,\ k \in K \quad (5.6)$$

（3）计算各省一级指标值 k 与理想解的距离，并归一化成一级指标值得分：

$$D_{ik} = 100 \times \frac{d_{ik}^-}{d_{ik}^+ + d_{ik}^-},\ i \in I,\ k \in K \quad (5.7)$$

$$S_{ik} = \frac{D_{ik} - \min D_{ik}}{\max D_{ik} - \min D_{ik}} \times 100,\ i \in I,\ k \in K \quad (5.8)$$

（4）同步骤（2），计算各省 i 产业发展现代化总体水平到理想解 x^+ 的距离 d_i^+ 和到理想解 x^- 的距离 d_i^-：

$$d_i^+ = \sqrt{\sum_{j \in J} (a_j^+ - a_{ij})^2},\ i \in I \quad (5.9)$$

$$d_i^- = \sqrt{\sum_{j \in J} (a_{ij} - a_j^-)^2},\ i \in I \quad (5.10)$$

（5）同步骤（3），计算各省 i 产业发展现代化总体水平

与理想解的距离，并归一化成总得分

$$D_i = 100 \times \frac{d_{ik}^-}{d_{ik}^+ + d_{ik}^-}, \ i \in I, \ k \in K \qquad (5.11)$$

$$S_i = \frac{D_i - \min D_i}{\max D_i - \min D_i} \times 100, \ i \in I \qquad (5.12)$$

5.4　2005—2013 年长江经济带产业发展现代化水平评价

基于熵权–TOPSIS 法，分别对 2005 年、2013 年我国省域产业发展现代化水平进行了测评，结果见表 5.3。其中，$S_1 \sim S_8$ 为省域产业发展现代化水平 8 个一级指标得分，S 为总得分。

表 5.3　全国省域 2005—2013 年产业发展现代化水平得分

省市	2005 年									2013 年								
	S_1	S_2	S_3	S_4	S_5	S_6	S_7	S_8	S	S_1	S_2	S_3	S_4	S_5	S_6	S_7	S_8	S
北京	100	13	8	20	87	84	100	90	36	88	11	9	14	92	76	74	87	31
天津	17	13	26	20	66	100	85	46	22	18	11	55	15	100	95	94	59	18
河北	14	8	38	2	21	77	60	13	8	11	9	28	5	21	62	25	19	7
山西	9	3	29	0	16	50	47	9	4	7	3	19	2	16	24	24	14	2
内蒙古	3	4	100	1	24	54	76	11	7	4	4	18	1	58	34	75	26	7
辽宁	32	12	54	6	30	83	44	14	14	20	11	15	8	51	62	50	30	12
吉林	12	3	61	1	18	75	52	9	5	9	3	22	2	77	53	49	20	5
黑龙江	13	4	22	3	20	81	70	8	5	7	3	0	2	19	100	36	16	4
上海	47	42	7	37	100	95	66	100	50	52	35	4	24	88	74	37	100	38
江苏	48	56	34	61	42	93	46	42	66	72	48	19	89	67	67	36	56	65
浙江	32	30	13	12	49	82	56	77	30	48	30	18	16	59	69	26	76	31
安徽	9	4	37	1	9	43	48	6	4	15	5	61	7	11	36	16	18	7
福建	10	14	20	14	29	63	41	40	17	14	15	13	46	42	42	44	46	14
江西	6	3	31	2	9	70	49	9	4	5	4	44	8	12	65	20	17	5

续表

省市	2005 年									2013 年								
	S_1	S_2	S_3	S_4	S_5	S_6	S_7	S_8	S	S_1	S_2	S_3	S_4	S_5	S_6	S_7	S_8	S
山东	38	24	52	14	32	66	89	26	24	42	27	29	32	44	47	46	38	32
河南	13	7	58	2	14	55	52	8	7	15	8	45	15	15	53	18	17	10
湖北	20	5	16	3	14	62	36	10	6	20	6	41	9	26	50	27	19	8
湖南	14	5	29	1	12	52	38	15	5	17	5	48	13	18	44	27	19	8
广东	50	100	21	100	42	43	46	59	100	100	100	41	100	46	34	17	53	100
广西	4	3	47	1	8	25	25	11	4	5	4	18	4	10	11	13	16	2
海南	1	1	0	0	13	70	43	6	1	1	1	24	0	16	42	27	18	2
重庆	6	3	26	1	13	27	31	19	5	10	5	98	9	26	30	31	24	9
四川	22	6	32	5	9	54	35	7	7	23	7	33	18	12	40	26	16	11
贵州	4	1	5	1	0	13	34	0	0	3	2	36	1	0	2	20	6	2
云南	8	3	43	0	4	6	55	10	4	5	3	100	1	3	0	12	15	5
西藏	0	0	0	0	0	94	11		2	0	0	38	0	4	21	100	7	6
陕西	19	3	29	4	10	16	55		6	17	4	90	5	26	10	56	14	8
甘肃	5	1	19	0	5	15	47	0	1	3	1	25	0	2	2	28	0	1
青海	1	0	5	0	11	23	20	1	0	0	0	37	0	18	15	27	4	1
宁夏	1	0	8	0	11	42	0	3	0	1	0	18	0	22	21	0	12	0
新疆	3	3	12	0	17	42	54	3	2	2	3	51	0	19	37	16	9	3

　　从表 5.3 中可以得出 2005—2013 年长江经济带 9 省 2 市产业发展现代化水平得分情况。上述得分计算是为了排序，并不能直接反映产业发展水平的差距，因此只能看作一个中间表格。对表 5.3 中得分排序可得到表 5.4，R_1~R_8 为 8 个一级指标得分排名，R 为产业现代化水平总得分排名。

表 5.4　全国省域 2005—2013 年产业发展现代化水平排名

省市	2005 年									2013 年								
	R_1	R_2	R_3	R_4	R_5	R_6	R_7	R_8	R	R_1	R_2	R_3	R_4	R_5	R_6	R_7	R_8	R
北京	1	7	26	5	2	4	1	2	4	2	9	29	9	2	4	4	2	6
天津	11	8	16	4	3	1	4	5	7	10	8	5	8	1	2	2	4	7

续表

省市	2005 年									2013 年								
	R_1	R_2	R_3	R_4	R_5	R_6	R_7	R_8	R	R_1	R_2	R_3	R_4	R_5	R_6	R_7	R_8	R
河北	12	10	8	14	11	8	8	12	10	16	10	18	18	16	10	20	15	16
山西	18	18	13	24	15	19	17	19	22	19	24	21	21	22	23	21	25	26
内蒙古	26	17	1	22	10	16	5	13	12	24	20	24	24	6	21	3	10	17
辽宁	6	9	4	9	8	5	21	11	9	7	7	27	14	7	9	9	9	9
吉林	16	20	2	20	13	9	13	16	15	20	23	28	17	11	3	6	12	20
黑龙江	15	16	18	12	12	7	6	21	18	18	21	31	22	17	1	10	20	23
上海	4	3	27	3	1	2	7	1	3	4	3	30	4	3	5	9	1	3
江苏	3	2	10	2	5	3	19	6	2	3	2	22	2	4	7	11	5	2
浙江	7	4	23	8	4	6	9	3	5	5	4	26	6	5	6	18	3	5
安徽	19	15	9	19	28	21	16	25	21	13	15	4	16	26	19	27	17	18
福建	17	6	20	6	9	13	23	7	8	15	6	12	10	9	15	22	7	8
江西	22	19	12	16	24	11	15	20	24	22	18	9	15	24	9	24	19	21
山东	5	5	5	7	7	12	3	8	6	6	5	17	3	10	13	8	8	4
河南	14	11	3	15	17	15	14	22	13	14	11	8	7	23	11	25	18	11
湖北	9	13	22	13	16	14	25	18	14	9	13	10	13	14	12	16	14	14
湖南	13	14	15	17	20	18	24	10	17	12	16		12	19	12		13	15
广东	2	1	19	1	6	20	20	4	1	1	1	11	1	8	20	26	6	1
广西	24	22	6	23	27	25	29	15	23	23	17	23	20	27	27	29	21	25
海南	30	28	31	28	19	10	22	23	27	28	28		27	21	16	14	16	28
重庆	21	24	17	18	18	24	28	9	19	17	14	2	11	12	22	12	11	12
四川	8	12	11	10	26	17	26	24	11	8	12	16	5	24	17	19	22	10
贵州	25	26	29	21	31	29	27	30	29	25	26		23	29	29	29	29	27
云南	20	23	7	25	29	30	10	17	20	21	25		25	29	31	30	23	22
西藏	31	31	30	31	25	31	2	14	25	31	31	13	31	28	25	1	28	19
陕西	10	21	14	11	23	27	11	28	16	11	19	3	19	18	28	5	24	13
甘肃	23	27	21	26	30	28	18	31	28	26	27	19	26	30	30	13	31	30
青海	29	30	28	30	22	26	30	29	31	30	30		26	17		30	29	29
宁夏	28	29	25	27	21	22	31	26	30	29	29		29	24	26		31	31
新疆	27	25	24	29	14	23	12	27	26	27	22	6	30	18	18	28	27	24

从表 5.4 中可以得出 2005—2013 年在全国 31 个省市中长江经济带 9 省 2 市产业发展现代化水平排序情况。

（1）2005 年，广东省产业现代化发展水平排名第 1，长江经济带 9 省 2 市排名从高至低分别是：江苏（第 2）、上海（第 3）、浙江（第 5）、四川（第 11）、湖北（第 14）、湖南（第 17）、重庆（19）、安徽（第 21）、江西（第 24）、云南（第 20）、贵州（第 29）。

（2）2013 年，广东省产业现代化发展水平排名第 1，长江经济带 9 省 2 市排名从高至低分别是：江苏（第 2）、上海（第 3）、浙江（第 5）、四川（第 10）、湖北（第 14）、湖南（第 15）、重庆（第 12）、安徽（第 18）、江西（第 21）、云南（第 22）、贵州（第 27）。

图 5.1 表示，2005—2013 年在全国省市中比较，长江经济带 9 省 2 市产业发展现代化水平的排名及变化。其中，重庆市排名上升最快，由 2005 年的第 19 位上升至 2013 年的第 12 位；安徽和江西排名均上升 3 位；湖南、贵州分别上升 2 位；四川上升 1 位；上海、江苏、浙江、湖北排名不变。只有云南省排名下降 2 位，由 2005 年的第 20 降至 2013 年的第 22。

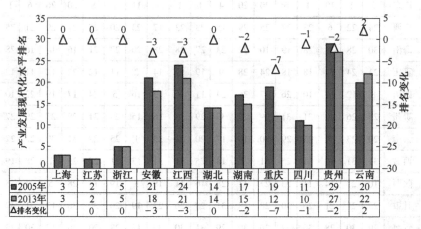

图 5.1　长江经济带 9 省 2 市 2005—2013 年产业发展现代化水平排名及变化

将 2005—2013 年长江经济带 9 省 2 市 8 个一级指标排名

作图，可得图 5.2~图 5.12。

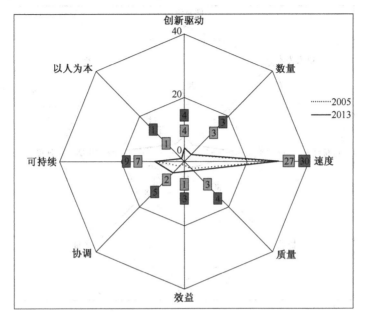

图 5.2　2005—2013 年上海产业发展现代化水平排名

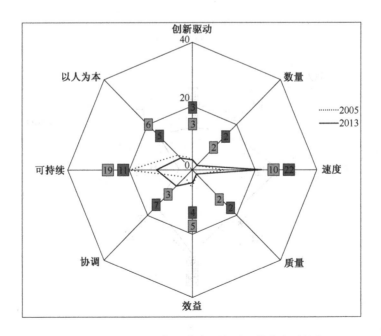

图 5.3　2005—2013 年江苏产业发展现代化水平排名

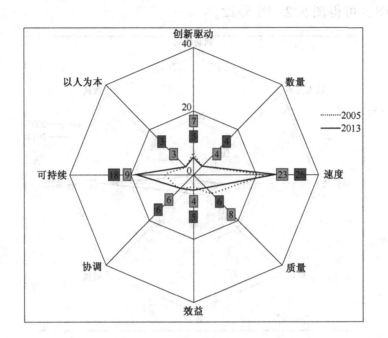

图 5.4 2005—2013 年浙江产业发展现代化水平排名

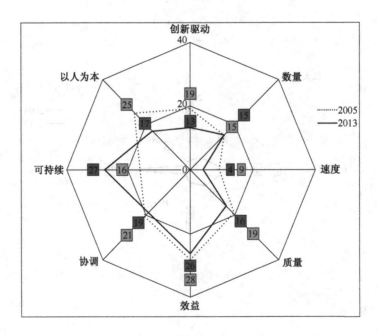

图 5.5 2005—2013 年安徽产业发展现代化水平排名

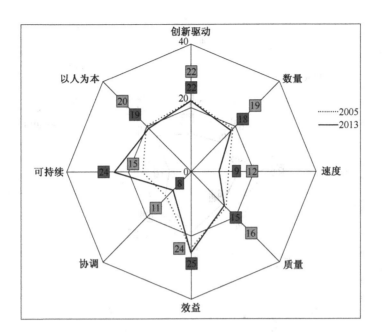

图 5.6　2005—2013 年江西产业发展现代化水平排名

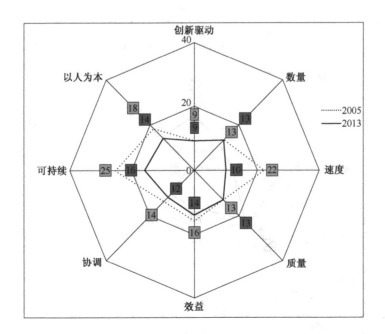

图 5.7　2005—2013 年湖北产业发展现代化水平排名

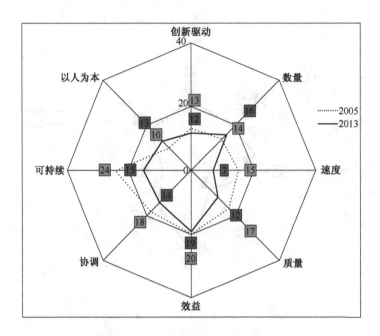

图 5.8 2005—2013 年湖南产业发展现代化水平排名

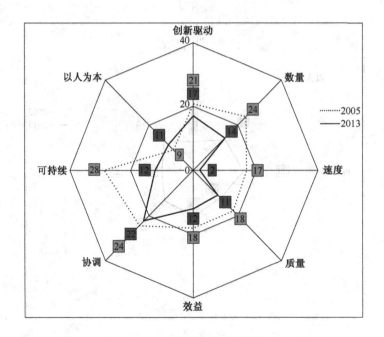

图 5.9 2005—2013 年重庆产业发展现代化水平排名

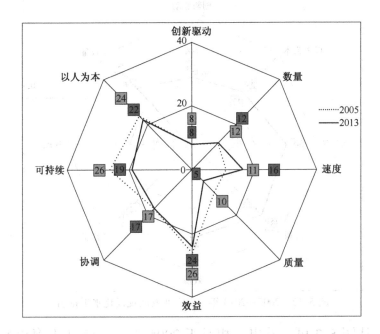

图 5.10　2005—2013 年四川产业发展现代化水平排名

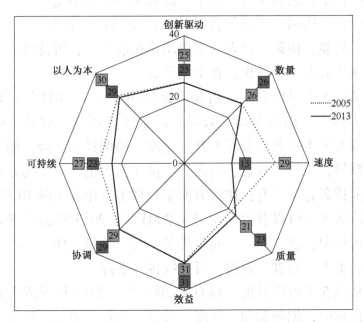

图 5.11　2005—2013 年贵州产业发展现代化水平排名

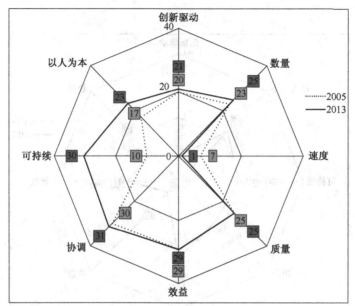

图 5.12　2005—2013 年云南产业发展现代化水平排名

从图 5.2 可以看出，相对于 2005 年，2013 年上海市 8 个一级指标中，创新驱动、数量、以人为本排名不变；速度、质量、效益、协调、可持续排名均有所下降；创新驱动、数量、质量、效益、协调、以人为本仍均排在前 5 位；可持续方面稍差；速度方面不尽理想，在全国倒数。

从图 5.3 可以看出，相对于 2005 年，2013 年江苏省 8 个一级指标中，创新驱动、数量、质量排名不变；效益、可持续、以人为本排名均有所上升；速度、协调排名下降；创新驱动、数量、质量、效益、以人为本排在前 5 位；可持续方面稍差，但排名有所上升；速度方面不尽理想，排名下降 10 位。

从图 5.4 可以看出，相对于 2005 年，2013 年浙江省 8 个一级指标中，创新驱动、质量排名上升；数量、协调、以人为本排名不变；速度、效益、可持续排名下降。

从图 5.5 可以看出，相对于 2005 年，2013 年安徽省 8 个一级指标中，创新驱动、速度、质量、效益、协调、以人为本排名均有所上升；数量排名不变；可持续排名下降 11 位。

从图5.6可以看出,相对于2005年,2013年江西省8个一级指标中,创新驱动排名不变;数量、速度、质量、协调、以人为本排名均有所上升;效益、可持续排名下降。

从图5.7可以看出,相对于2005年,2013年湖北省8个一级指标中,创新驱动、数量、质量排名不变;数量、效益、协调、可持续、以人为本排名均有所上升。

从图5.8可以看出,相对于2005年,2013年湖南省8个一级指标中,创新驱动、速度、质量、效益、协调、可持续排名有所上升;数量、以人为本排名均有所下降。

从图5.9可以看出,相对于2005年,2013年重庆市8个一级指标中,创新驱动、数量、速度、质量、效益、协调、可持续排名有所上升;以人为本排名均有所下降。

从图5.10可以看出,相对于2005年,2013年四川省8个一级指标中,创新驱动、数量、协调排名不变;速度排名降低5位;质量、效益、可持续、以人为本方面排名均有所上升。

从图5.11可以看出,相对于2005年,2013年贵州省8个一级指标中,创新驱动、数量、效益、协调排名均未变化;速度、可持续、以人为本排名上升;质量排名下降。

从图5.12可以看出,相对于2005年,2013年云南省8个一级指标中,速度排名上升至第1位;创新驱动、数量、质量、协调、可持续、以人为本排名均下降;质量、效益排名不变。

表5.5是长江经济带9省2市产业现代化发展水平一级指标2005—2013年排名变化,将上海、江苏、浙江划为长江下游;安徽、江西、湖北、湖南划为长江中游;重庆、四川、贵州、云南划为长江上游,则可以发现如下规律。

表5.5 长江经济带9省2市产业现代化发展水平一级指标2005—2013年排名变化

省市	创新驱动	数量	速度	质量	效益	协调	可持续	以人为本	现代化
上海	0	0	3	1	2	3	2	0	0
江苏	0	0	12	0	-1	4	-8	-1	0

省市	创新驱动	数量	速度	质量	效益	协调	可持续	以人为本	现代化
浙江	-2	0	3	-2	1	0	9	0	0
下游平均	-2/3	0	7	-1/3	2/3	7/3	1	-1/3	0
安徽	-6	0	-5	-3	-2	-2	11	-8	-3
江西	0	-1	-3	-1	1	-3	9	-1	-3
湖北	0	0	-12	0	-2	-2	-9	-4	0
湖南	-1	2	-8	-5	-1	-4	-9	3	-2
中游平均	-1.75	0.25	-7	-2	-1	-2.25	-0.5	-2.5	-2
重庆	-4	-10	-15	-7	-6	-2	-16	2	-7
四川	0	0	5	-5	-2	0	-7	-2	-1
贵州	0	0	-14	2	0	0	-4	-5	-2
云南	1	2	-6	0	0	1	20	6	2
上游平均	-0.75	-2	-7.5	-2.5	-2	-0.25	-1.75	1.25	-2

（1）产业发展现代化水平排序变化：下游不变，中游、上游均上升。

（2）创新驱动排序变化：上中下游均上升，中游快于下游、下游快于上游。

（3）数量排序变化：下游不变、中游下降、上游上升。

（4）速度排序变化：下游下降，中游、上游均上升，上游快于中游。

（5）质量排序变化：上中下游均上升，上游快于中游、中游快于下游。

（6）效益排序变化：下游下降，中游、上游均上升，上游快于中游。

（7）协调排序变化：下游下降，中游、上游均上升，中游快于下游。

（8）可持续排序变化：下游下降，中游、上游均上升，上游快于中游。

（9）以人为本排序变化：下游、中游均上升，上游下降，中游快于下游。

换言之，2005—2013 年，在全国 31 个省市中，长江经济带下游省市产业发展现代化水平在全国保持领先，创新驱动、质量、以人为本水平上升，但产业发展的速度、效益、协调水平下降，尤其是速度，平均排名下降 7 位；中游省份产业发展现代化水平提升，创新驱动、速度、质量、效益、协调、可持续、以人为本水平均有所提升，尤其是速度，平均排名上升 7 位，仅数量排名轻微下降；上游产业发展现代化水平提升，创新驱动、数量、速度、质量、效益、协调、可持续水平均有所提升，尤其是速度，平均排名上升 7.5 位，但以人为本方面有些下降。

将产业发展现代化水平排名前 10 位省市划为发达类、第 11~20 名划为欠发达类、第 21~31 名划为落后类，则对长江经济带 9 省 2 市产业发展现代化水平分类，可得表 5.6。

表 5.6 长江经济带产业发展现代化水平分类

序号	类　　别	2005 年	2013 年
1	发达（前 10 名）	江苏、上海、浙江	江苏、上海、浙江
2	欠发达（第 11~20 名）	四川、湖北、湖南、重庆	四川、重庆、湖北、湖南、安徽
3	落后（第 21~31 名）	安徽、江西、云南、贵州	江西、云南、贵州

从表 5.6 可知，2013 年长江经济带产业发展水平发达省市有 3 个，分别是江苏、上海、浙江；欠发达省市 5 个，分别是四川、重庆、湖北、湖南、安徽；落后省份 3 个，分别是：江西、云南、贵州。经过努力，2005 年落后省份安徽，2013 年进入欠发达省份类别。

表 5.7 是 2005—2013 年长江经济带 9 省 2 市 GDP 区位变化率（见第 4 章表 4.1）与产业发展现代化水平排名变化对比。从表 5.7 看出，GDP 区位变化率与产业发展现代化水平之间关系并不明显，也就是说，如果从产业转移总量的变化看，与产业发展现代化水平变化并无明显的相关关系。

表 5.7　2005—2013 年长江经济带 9 省 2 市 GDP 区位变化率与
产业发展现代化水平对比

项　目	上海	江苏	浙江	安徽	江西	湖北	湖南	重庆	四川	贵州	云南
GDP 区位变化率 /%	-24	7	-13	9	7	15	15	7	12	6	4
产业发展现代化水平排名变化	0	0	0	-3	-3	0	-2	-7	-1	-2	2

5.5　小　结

（1）探讨了产业发展现代化的内涵。提出产业发展现代化是建立在现代科学技术基础之上，瞄准现代世界先进水平，以现代发展理念发展产业。

（2）构建了产业发展现代化水平评价指标体系。指标体系包括"创新驱动""数量""速度""质量""效益""协调""可持续""以人为本"共 8 个一级指标、15 个二级指标。基于熵权-TOPSIS 法，对 2005 年、2013 年我国 31 个省（市）产业发展现代化水平进行评价，得出了各省（市）产业发展现代化水平排名。

（3）着重分析了 2005—2013 年长江经济带 9 省 2 市产业发展现代化水平的演变情况。研究发现，2005—2013 年，长江经济带下游省（市）产业发展现代化水平在全国保持领先，"创新驱动""质量""以人为本"水平上升，但产业发展的"速度""效益""协调"水平下降，尤其是"速度"，在全国平均排名下降 7 位；长江经济带中游省（市）产业发展现代化水平提升较快，"创新驱动""速度""质量""效益""协调""可持续""以人为本"水平均有所提升，尤其是"速度"，在全国平均排名上升 7 位，仅"数量"排名轻微下降；长江经济带上游省（市）产业发展现代化水平提升较快，"创新驱动""数量""速度""质量""效益""协调""可持续"

水平均有所提升，尤其是"速度"，在全国平均排名上升 7.5
位，但"以人为本"方面有些下降。2013 年长江经济带产业
发展水平发达省（市）有 3 个，分别是：江苏、上海、浙江；
欠发达省（市）5 个，分别是四川、重庆、湖北、湖南、安
徽；落后省份 3 个，分别是：江西、云南、贵州。经过努力，
2005 年的落后省份安徽在 2013 年进入欠发达省份类别。

　　（4）对比了 2005—2013 年长江经济带省（市）产业转移
总量变化与产业发展现代化水平变化之间的关系。结论是产业
转移的总量变化与产业发展现代化水平的变化并无明显的相关
关系。

■ 第6章 ■

长江经济带产业转移路径研究

6.1 基于博弈分析的长江经济带省市推进产业转移策略研究

■ 6.1.1 长江经济带省市政府推进产业转移博弈关系

从长江经济带省市推进产业转移实践看，现行政治经济社会体制下，省市政府推动出台的产业政策对当地产业转出或者承接的影响举足轻重[182]。在产业转出和产业承接方面，政府对产业转移的态度会有所不同。在对待企业省际产业转移的决策问题上，作为产业转出地的政府和作为产业承接地的政府存在博弈关系，主要体现在以下3个方面。

（1）在经济发展方面存在博弈关系。产业转出地政府为了促进产业结构优化升级考虑，会积极推动技术含量低和产品附加值低的产业向外转移，以便为本地新兴产业的发展腾出资源和空间。产业承接地政府则对那些投资体量大、科技含量高的企业情有独钟，以便能够借力培育本地经济增长极。长江经济带产业转出省在推动产业转移过程中也存在积极性和主动性不高的情况，原因也很现实，既担心产业转出但后续产业并未发展起来进而引发产业空心化，又担心企业资金大规模外流导致税源流失进而减少地方财政收入，还担心增大就业压力。

（2）在资源环境方面存在博弈关系。为了减轻本地资源与环境压力，产业转出地政府往往倾向于鼓励劳动密集型、资源消耗型产业向其他区域转移，阻止低能耗、低污染、低投入但高附加值的新兴产业向外转移。而产业承接地政府则渴望承接能够放大本地资源优势、带动本地经济快速增长的产业，对高能耗、高污染、低附加值产业也不尽热心。

（3）在政绩考核方面存在博弈关系。按照现行政绩考核、干部升迁相关机制和制度，省市政府的执政业绩往往需要通过本地经济增长和就业情况来展现。这使得转入地政府和承接地政府都会尽力留住和吸引企业。

综上所述，长江经济带省市政府在推动省际产业转移过程中，基于自身利益的最大化必然展开竞争与合作博弈。产业转出地将按照本地产业发展目标对企业分类施策，对于符合本地产业长远发展目标的，给予税收、土地等优惠政策；对于不符合本地产业发展长远目标的，则不再实施优惠措施，甚至采取淘汰等措施促使其向外转移。产业承接地政府，则主要通过积极建设配套基础设施、返还税收、土地价格优惠和财政支持等策略来降低产业转移企业的运行成本，运用补贴手段来影响企业的投资决策。在省际产业转移决策的过程中，无论是产业转移转出地政府，还是产业承接地政府，对对方的目标取向、比较优势和策略选择等均存在信息不对称。作为理性市场主体的企业，在进行产业转移决策时会对不同地区进行全面评价和总体分析，但不会主动披露不同地区的信息。

■6.1.2　长江经济带省市政府推进产业转移博弈模型

（1）博弈主体。假定在长江经济带省市推进产业转移中存在发达省甲和欠发达省乙。发达省内企业 A 准备进一步进行扩大投资建厂。

（2）博弈行动。假定企业 A 根据利润最大原则准备在甲、乙两省中选择一个省进行再投资。企业利润受投资地市场容量、公共基础设施、政府服务及税收等优惠政策等影响。两省级地方政府将权衡自身发展需要和企业需求，并采取相关措施吸引企业在本地投资，企业能够观测到各区域的行为变量信息。

（3）博弈策略。甲、乙两省为了争取企业 A 继续留在或者迁移到本地进行投资，均打算完善基础设施并给予企业政策优惠支持。假设两省地方政府通过产业政策、公共设施、税收减免等支持都能够降低企业经营成本，统一为政府补贴政策，两省地方政府基于自身综合效益最大化选择补贴策略。

（4）收益函数。假设企业 A 只生产一种产品，生产函数是 $Q = f(L, K)$，甲、乙两省价格水平为 $P_甲$，$P_乙$；两省政府甲、乙对企业的补贴分别为 $S_甲$，$S_乙$；两省因区位优势给企业带来的收益分别是 $\delta_甲$，$\delta_乙$，两省的劳动力价格水平分别为 $W_甲$，$W_乙$；两省资本利息相等，为 r，则企业在甲、乙省投资的利润 $R_甲$ 和 $R_乙$ 可以用下式表示：

$$\left.\begin{array}{l} R_甲 = P_甲 f(L, K) + S_甲 + \delta_甲 - W_甲 L - rK \\ R_乙 = P_乙 f(L, K) + S_乙 + \delta_乙 - W_乙 L - rK \end{array}\right\} \quad (6.1)$$

假设如果均不存在政府补贴，$R_甲 > R_乙$。令甲、乙省因企业 A 在税收、就业等方面的收益分别为 $T_甲$，$T_乙$；甲、乙省因企业 A 造成环境污染需要支付的治理费用分别为 $H_甲$，$H_乙$，则企业留在本地进行投资或者进行省际产业转移给甲、乙省带来的收益分别是 $G_甲 = T_甲 - H_甲$，$G_乙 = T_乙 - H_乙$。

■6.1.3 长江经济带省市政府推进产业转移博弈模型求解

作为追求利润最大化的理性经济主体，企业 A 选择继续在发达地区甲省扩大规模，还是到欠发达地区乙省开始新的区位投资，取决于哪个省更能有助于实现其利润最大化。因此，只有在乙省投资能够带给企业更高的利润水平，企业才有动力从甲省向乙省产业转移，即 $P_乙 f(L, K) + S_乙 + \delta_乙 - W_乙 L - rK$

$> P_甲 f(L, K) + S_甲 + \delta_甲 - W_甲 L - rK$。为了研究的简便性，假设各省之间的产品价格相等，即 $P_甲 = P_乙 = P$，可得

$$(S_乙 - S_甲) + (W_甲 - W_乙)L > (\delta_甲 - \delta_乙) \qquad (6.2)$$

式中：$\delta_甲 - \delta_乙$ 表示企业因甲、乙省区位优势差异而带来的收益差异。可见，只有当企业因甲、乙省政府补贴不同、两地劳动力成本不同而获得的总收益大于因甲、乙省区位优势不同而获得的收益，企业才会进行区际产业转移。显然，如果 $(S_乙 - S_甲) + (W_甲 - W_乙)L \leqslant (\delta_甲 - \delta_乙)$，企业不可能发生区际转移。

设 $a = \min \delta_甲 - \max \delta_乙$，$b = \max \delta_甲 - \min \delta_乙$，用 $[a, b]$ 表示甲省和乙省之间因区位优势等而形成的比较优势区间。假设 $\delta_甲 - \delta_乙$ 在 $[a, b]$ 呈均匀分布，可得企业从甲省向乙省进行省际产业转移的概率为

$$F_{甲 \to 乙} = P[(S_乙 - S_甲) + (W_甲 - W_乙)L > (\delta_甲 - \delta_乙)]$$
$$= \frac{(S_乙 - S_甲) + (W_甲 - W_乙)L - a}{b - a} \qquad (6.3)$$

企业继续在甲省扩大投资经营而不发生产业转移的概率为

$$1 - F_{甲 \to 乙} = P[(S_乙 - S_甲) + (W_甲 - W_乙)L \leqslant (\delta_甲 - \delta_乙)]$$
$$= \frac{b - [(S_乙 - S_甲) + (W_甲 - W_乙)L]}{b - a} \qquad (6.4)$$

由式（6.4）可以看出，企业 A 选择省际产业转移的概率与产业承接地乙省政府对企业补贴水平正相关，与产业转出地甲省政府对企业补贴水平负相关，与甲、乙省劳动力工资水平差异正相关，与甲、乙两省区位优势差异负相关。

根据上述概率值，可分别列出不同省政府的最大收益值函数，两省政府的目标收益函数可以分别表述为

$$\pi_乙 = \max(G_乙 - S_乙) F_{甲 \to 乙} = \max(T_乙 - H_乙 - S_乙) F_{甲 \to 乙} \qquad (6.5)$$

$$\pi_甲 = \max(G_甲 - S_甲)(1 - F_{甲 \to 乙}) = \max(T_甲 - H_甲 - S_甲)(1 - F_{甲 \to 乙}) \qquad (6.6)$$

将 $F_{甲→乙}$ 代入，并求一阶导数，进行整理可以得到两省方政府补贴的反应函数为

$$S_乙^*(S_甲) = \frac{T_乙 - H_乙 - (W_甲 - W_乙)L + a}{b - a} + \frac{S_甲}{2} \quad (6.7)$$

$$S_甲^*(S_乙) = \frac{T_甲 - H_甲 + (W_甲 - W_乙)L - b}{b - a} + \frac{S_乙}{2} \quad (6.8)$$

求解上述联立方程，可得两省级政府进行补贴的均衡值为

$$S_乙^* = \frac{2(T_乙 - H_乙) + (T_甲 - H_甲) - (W_甲 - W_乙)L + 2a - b}{3}$$

$$(6.9)$$

$$S_甲^* = \frac{2(T_甲 - H_甲) + (T_乙 - H_乙) + (W_甲 - W_乙)L + a - 2b}{3}$$

$$(6.10)$$

由上述可见，甲、乙省补贴水平的高低取决于企业 A 进行产业转移或留在原地扩大经营所带来的净收益、两省劳动力成本差异以及两省区位优势差异。进一步整理，可得均衡状态下企业产业转移的概率和在原地扩大经营的概率分别为

$$F_{甲→乙} = \frac{(T_乙 - H_乙) - (T_甲 - H_甲) + (W_甲 - W_乙)L - (2a - b)}{3(b - a)}$$

$$(6.11)$$

$$1 - F_{甲→乙} = \frac{(T_甲 - H_甲) - (T_乙 - H_乙) - (W_甲 - W_乙)L + (2b - a)}{3(b - a)}$$

$$(6.12)$$

进一步，可得均衡状态下产业转移承接地甲省和产业转出地乙省政府的最大收益值为

$$\pi_乙 = \frac{[(T_乙 - H_乙) - (T_甲 - H_甲) + (W_甲 - W_乙)L - (2a - b)]^2}{9(b - a)}$$

$$(6.13)$$

$$\pi_{甲} = \frac{\left[\, (T_{甲} - H_{甲}) - (T_{乙} - H_{乙}) - (W_{甲} - W_{乙})L + (2b - a)\,\right]^2}{9(b - a)}$$

(6.14)

由此可知，无论是发达省政府还是欠发达省政府，均都需要对产业转移政府净收益、劳动力工资水平差异和区位优势差异进行综合权衡之后方能获得最大效益，没有必要盲目补贴。

鉴于此，建议长江经济带地方政府弱化行政区域壁垒，建立区域合作机制。比如，充分利用各种区域合作论坛等区域合作平台，加强区域性产业转移对接；建立税收共享机制，欠发达地区在承接东部地区产业转移时，有关政府部门可以按一定比例将税收返还给发达地区，刺激发达地区的政府推动转移的积极性。

6.2 基于知识溢出增长模型的省际 产业转移政策效用分析

区域经济发展差距的扩大和经济活动在地理上的集中是区域经济发展的一个重要特征。产生区域差距的原因多种多样，研究认为，如果政府放任自流，不采取有效的区域政策来对欠发达地区进行倾向性支持，则一般情况下区域差距不会自动缩小并且有可能会加速扩大[183]。为了缩小国内发达地区与欠发达地区客观存在的收入差距，现实中许多国家，尤其是美国、俄罗斯、法国、日本、巴西、印度等大国都对欠发达地区实施了特别的区域政策[184-185]。20世纪50年代以来，我国对西部地区和少数民族聚居地区等不发达区域也实施了一系列扶持政策。

学术界有关区域政策的研究也较为丰富，有学者研究实施区域政策的原因[186-187]，也有学者关注欠发达地区的政策工具及效应。一般而言，空间公平与总体经济效益之间存在倒U

形曲线关系。基于内生增长理论和空间经济学，马丁（Marion）[188]把国家经济增长与区域差距之间的非线性关系模型化和形式化，提出了一个分析区域经济政策的模型。本节将借鉴马丁构建的空间经济学框架，分析转移支付、基础设施建设、区域创新等产业转移政策的效应，进而提炼对于完善长江经济带欠发达省份产业发展的政策启示。

▌6.2.1 省际知识溢出增长模型的基本假设

考虑两个省，一个是发达省甲，另一个是欠发达省乙。生产要素包括资本 K 和难以进行省际移动的其他资源禀赋，如劳动力、矿产、岸线等，以劳动力为例，记为 L。资本用于支付企业的固定成本，劳动力用做企业的可变成本。

聚焦分析甲省参数，乙省相关参数用 $*$ 标出。甲省的资本禀赋用 K 表示，乙省用 K^* 表示，甲省和乙省的资本禀赋在总资本禀赋中所占份额分别用 k 和 k^* 表示。甲省的劳动力用 L 表示，乙省的劳动力用 L^* 表示。每个企业只生产 1 种差异化产品，甲省和乙省的企业数或产品种类数分别是 n 和 n^*，令 $N = n + n^*$。为简化起见，假设设立一个企业需要 1 单位资本，而一个企业生产 1 单位产品需要消耗 β 单位资源，其成本函数是 $\pi + \beta\omega x$，其中，π 和 ω 分别是单位资本和劳动力的报酬，x 是企业的产出。一定时期内消费者的效用函数为时序柯布-道格拉斯型效用函数：

$$U = \int_0^\infty \log[C(t)^\alpha Y(t)^{1-\alpha}] e^{-\rho t} dt \qquad (6.15)$$

式中：$C(t)$ 是 t 时消费者在两省生产的差异化产品消费量；$\alpha \in (0, 1)$ 是 $C(t)$ 的支出份额；$Y(t)$ 是其他非差异化产品的支出；ρ 是期望收益率。假设 $C(t)$ 遵循多样化偏好效用函数，即效用随着多样化程度的提高而提高，计算公式如下：

$$C(t) = \left[\sum_{i=1}^{N_t} C_i(t)^{1-1/\sigma}\right]^{1/\left(1-\frac{1}{\sigma}\right)} \qquad (6.16)$$

式中：$\sigma > 1$ 是不同种类差异性产品之间的替代弹性。令 n_t 表示 t 时甲省生产的产品种数，n_t^* 表示乙省生产的产品种数。假设一个企业只生产一种产品，t 时总企业数或总产品种数是 N_t，$N_t = n_t + n_t^*$。

假设两省的产品分为 4 类，即甲省生产甲省销售产品、甲省生产乙省销售产品、乙省生产乙省销售产品和乙省生产甲省销售产品。

假设两省消费者分为 4 类，即购买甲省产品的甲省消费者、购买乙省产品的甲省消费者、购买甲省产品的乙省消费者和购买乙省产品的乙省消费者。

用下标 i 表示甲省生产的某种产品，下标 j 表示乙省生产的某种产品，用上标 "'" 表示在异地进行销售，$i = 1, 2, \cdots, n$，$j = n + 1, n + 2, \cdots, N$。则进行以下标记：

（1）令甲省生产、甲省销售的产品 i 的价格为 p_i，甲省生产、乙省销售的产品 i 的价格为 p_i'，乙省生产、乙省销售的产品 j 的价格为 p_j，乙省生产、甲省销售的产品 j 的价格为 p_j'。

（2）令甲省消费者对甲省生产的第 i 种产品的消费量为 c_i，乙省消费者对甲省生产的第 i 种产品的消费量为 c_i'，乙省消费者对乙省生产的第 j 种产品的消费量为 c_j，甲省消费者对乙省生产的第 j 种产品的消费量为 c_j'。

■ 6.2.2　省际知识溢出增长模型的短期均衡

1. 产出量决定

设 t 时甲省消费者总支出为 E_t，甲省消费者的支出包括购买本省产品和外省产品的支出。为简便起见，以下省去下标 t，则 E 可以表示为

$$E = \sum_{i=1}^{n} p_i c_i + \sum_{j=n+1}^{N} p_j' c_j' + Y \qquad (6.17)$$

式中：p_i 是甲省生产且在甲省销售的第 i 种产品的销售价格；p_j' 是乙省生产且在甲省销售的第 j 种产品销售价格，$i = 1, 2,$

$\cdots$, n, $j = n+1$, $n+2$, $\cdots$, N; c_i 是甲省消费者对甲省本地生产的产品的消费量; c_j' 是甲省消费者对乙省生产的产品的消费量; Y 表示非差异性产品支出。

可以证明

$$c_i = \alpha E \frac{p_i^{-\sigma}}{P_M^{1-\sigma}}, \quad c_i' = \alpha E^* \frac{(p_i')^{-\sigma}}{(P_M^*)^{1-\sigma}},$$

$$c_j = \alpha E^* \frac{p_j^{-\sigma}}{(P_M^*)^{1-\sigma}}, \quad c_j' = \alpha E \frac{(p_j')^{-\sigma}}{P_M^{1-\sigma}} \tag{6.18}$$

证明： 假设不考虑消费者消费的产品的产地差异，消费者对产品消费集合所带来的子效用可以用下面的 CES 函数来表示: $C_M = \left[\sum_{i=1}^{N} c_i^{(\sigma-1)/\sigma} \right]^{1/\left(1-\frac{1}{\sigma}\right)}$，式中，$c_i$ 为甲地消费者对第 i 种工业品的消费量; p_i 是第 i 种产品的价格，注意此时 $i = 1, 2, \cdots, N$; σ 为任意两种产品之间的替代弹性，$\sigma > 1$。

对于甲省的消费者而言，对差异化产品的支出存在 $\sum_{i=1}^{N} p_i c_i = \alpha E$ 预算约束，为使得子效用 C_M 最大化，为此建立拉格朗日方程

$$L = \left[\sum_{i=1}^{N} c_i^{(\sigma-1)/\sigma} \right]^{\sigma/(\sigma-1)} + \lambda \left[\sum_{i=1}^{N} p_i c_i - \alpha E \right]。 \tag{1}$$

对 c_i 求导并令该导数为 0，则

$$\left[\sum_{i=1}^{N} c_i^{(\sigma-1)/\sigma} \right]^{1/(\sigma-1)} c_i^{-1/\sigma} = -\lambda p_i \tag{2}$$

对上式两边进行 $-\sigma$ 次方得到

$$\left[\sum_{i=1}^{N} c_i^{(\sigma-1)/\sigma} \right]^{-\sigma/(\sigma-1)} c_i = -\lambda^{-\sigma} p_i^{-\sigma} \tag{3}$$

上式所代表的 N 个式子两边同乘以 p_i，并相加 N 个式子可得到下式

$$\left[\sum_{i=1}^{N} c_i^{(\sigma-1)/\sigma} \right]^{-\sigma/(\sigma-1)} \alpha E = -\lambda^{-\sigma} \sum_{i=1}^{N} p_i^{1-\sigma} \tag{4}$$

(3)、(4) 两式相比可得：消费者对甲省生产的第 i 种产品的消费量为 $c_i = p_i^{-\sigma} \alpha E / \sum_{i=1}^{N} p_i^{1-\sigma}$，即 $c_i = \alpha E \frac{p_i^{-\sigma}}{P_M^{1-\sigma}}$，其中 $\sum_{i=1}^{N} p_i^{1-\sigma} = P_M^{1-\sigma}$ 是甲省的产品价格指数，综合体现甲省自己生产并在甲省消费的产品价格水平以及乙省生产但在甲省消费的产品价格水平。

同理可证其余子式。

证毕。

2. 销售价格

假设市场上存在垄断竞争，当市场实现均衡时，各个企业超额利润为零，都达到均衡产量和价格。假设省际交易存在冰山成本，甲省生产的产品在乙省的销售价格与在甲省的销售价格之比为 τ，可证明下式

$$p_i = \frac{\beta}{1 - 1/\sigma}, \quad p_i' = \frac{\tau\beta}{1 - 1/\sigma}, \quad i = 1, 2, \cdots, n \quad (6.19)$$

证明：由前述甲地消费者对本地生产本地消费的企业产品需求函数 $c_i = p_i^{-\sigma}\alpha E / \sum_{i=1}^{N} p_i^{1-\sigma}$ 可知，对第 i 种产品而言，如果忽略 p_i 对 $\sum_{i=1}^{N} p_i^{1-\sigma}$ 的影响，即某种产品的价格变动对当地市场整体价格指数几乎没有影响，那么 $\sum_{i=1}^{N} p_i^{1-\sigma}$ 和 αE 就是常数。甲省第 i 种产品的产量与消费量之间的关系可以写成 $x_i = c_i + \tau c_i'$，$c_i = H p_i^{-\sigma}$，$c_i' = H^*(p_i')^{-\sigma} = H^*(\tau P_i)^{-\sigma}$，则甲省第 i 种产品的产量为

$$x_i = H p_i^{-\sigma} + \tau^{1-\sigma} H^* p_i^{-\sigma} = (H + \tau^{1-\sigma} H^*) p_i^{-\sigma} \quad (1)$$

式中：$H = \alpha E / \sum_{i=1}^{N} p_i^{1-\sigma}$，$H^* = \alpha E^* / \sum_{i=1}^{N} (p_i^*)^{1-\sigma}$。

则发达省第 i 种产品的利润可以写成 $\pi = p_i x_i - \omega\beta x_i$，建立厂商利润拉格朗日方程

$$L = p_i x_i - (\omega\beta x_i + \pi) + \lambda[x_i - (H + \tau^{1-\sigma} H^*) p_i^{-\sigma}] \quad (2)$$

$$\frac{\mathrm{d}L}{\mathrm{d}x_i} = p_i - \omega\beta + \lambda = 0 \quad (3)$$

$$\frac{\mathrm{d}L}{\mathrm{d}p_i} = x_i + \lambda(H + \tau^{1-\sigma} H^*)\sigma p_i^{-\sigma-1} = 0 \quad (4)$$

把式（1）代入式（4）求出 $\lambda = -p_i/\sigma$ 后，把 λ 代入式（3），则可得到甲省生产、在甲省销售的产品的价格为 $p_i = \omega\beta/(1 - 1/\sigma)$。由于每个企业的产出和价格都相等，因此可以把下标 i 去掉，同时将劳动力单位价格标准化为1，则可以得到 $p = \omega\beta/(1 - 1/\sigma) = \beta\sigma/(\sigma-1)$。易得甲省生产的产品到乙省销售的产品价格为 $p_i' = \frac{\tau\beta}{1 - 1/\sigma}$。

证毕。

3. 资本收益

考虑甲省的一个企业，假设该企业在甲省的产品销售量是 c，产品销售价格是 p；在乙省的产品销售量是 c'，产品销售价格是 $p' = \tau p$，则企业的总产出为 $x = c + \tau c'$，企业的销售收入是 $pc + p'c' = p(c + \tau c') = px$。垄断竞争均衡时，企业的超额利润为 0，销售收入和生产成本相等，则 $px = \pi + \omega\beta x$。根据 $p = \omega\beta/(1 - 1/\sigma)$，则生产者的经营利润是 $\pi = px/\sigma$。

由于 $c = \alpha E p^{-\sigma} P_M^{-(1-\sigma)}$，$c' = \alpha E^*(p')^{-\sigma}(P_M^*)^{-(1-\sigma)} = \alpha E^*(\tau p)^{-\sigma}(P_M^*)^{-(1-\sigma)}$，因此，可得 $px = \alpha p^{1-\sigma}(EP_M^{-(1-\sigma)} + E^*\tau^{1-\sigma}(P_M^*)^{-(1-\sigma)})$。如果知道两个省差异化产品价格指数 P_M 和 P_M^*，代入 $\pi = px/\sigma$，就可以求出利润函数的表达式。下面分别计算两省的差异化产品价格指数。

$$P_M^{1-\sigma} = \int_0^N p^{1-\sigma} \mathrm{d}i = np^{1-\sigma} + n^*(\tau p)^{1-\sigma}$$

$$= Np^{1-\sigma}[\gamma + \delta(1 - \gamma)] \tag{6.20}$$

$$(P_M^*)^{1-\sigma} = \int_0^N p^{1-\sigma} \mathrm{d}i = n(\tau p)^{1-\sigma} + n^*(p)^{1-\sigma}$$

$$= Np^{1-\sigma}[\delta\gamma + (1 - \gamma)] \tag{6.21}$$

式中：$\delta = \tau^{1-\sigma}$，$\gamma = n/N$。δ 越高，说明省际交易成本越低。$\gamma \leq 1$ 是甲省企业数占全部企业数比，也是甲省生产的产品种类数占全部产品种类数比，可以理解为甲省的产业区位，同理 $1 - \gamma = n^*/N$ 是乙省产业区位。把上面两个式子代入 π 的表达式，令 $E^W = E + E^*$，则

$$\pi = px/\sigma = \frac{\alpha p^{1-\sigma}}{\sigma}\left[\frac{E^W\theta_E}{Np^{1-\sigma}(\gamma + \delta(1 - \gamma))} + \frac{E^W(1 - \theta_E)\delta}{Np^{1-\sigma}(\delta\gamma + (1 - \gamma))}\right]$$

$$= \frac{\alpha E^W}{\sigma N}\left[\frac{\theta_E}{\gamma + \delta(1 - \gamma)} + \delta\frac{1 - \theta_E}{\delta\gamma + (1 - \gamma)}\right] \tag{6.22}$$

式中：$\theta_E = E/E^W$ 是甲省消费者支出占消费者总支出份额，也可以理解为甲省的市场份额。令 $K^W = K + K^*$，每个企业只使用 1 单位资本，因此 $N = K^W$。而 $\Delta = P_M/N = p^{1-\sigma}[\gamma + \delta(1 -$

$\gamma)$]，$\Delta^* = P_M^*/N = p^{1-\sigma}[\delta\gamma + (1 - \gamma)]$，在下面的标准化过程中，本地生产本地销售的产品价格标准化为 1，所以 Δ 和 Δ^* 分别可以简化为 $\Delta = \gamma + \delta(1 - \gamma)$，$\Delta^* = \delta\gamma + (1 - \gamma)$，令 $b = \dfrac{\mu}{\sigma}$，则可以写出甲省的利润函数为 $\pi = bB\dfrac{E^W}{K^W}$，$B = \dfrac{\theta_E}{\Delta} + \delta \dfrac{1 - \theta_E}{\Delta^*}$，$b = \dfrac{\mu}{\sigma}$，同理，乙省的利润函数可以写成 $\pi^* = bB^* \cdot \dfrac{E^W}{K^W}$，$B^* = \delta\dfrac{\theta_E}{\Delta} + \dfrac{1 - \theta_E}{\Delta^*}$。由 $p = \dfrac{\beta}{1 - 1/\sigma}$，则人均消费量为 $\alpha\dfrac{E + E^*}{Np}$，易证，两省企业最优规模为 $x = \alpha L \dfrac{\sigma - 1}{\beta\sigma}\dfrac{E + E^*}{N}$。

■ 6.2.3　省际知识溢出增长模型的长期均衡

假设存在无风险资产，利率为 r，则消费者实际效用最优化意味着消费支出增长率为利率和期望收益率的差，亦即 $\dot{E} = \dot{E}^* = r - \rho$，稳定状态时，有 $r = \rho$。

1. 均衡产业区位

由于资本省际流动无限制，故达到均衡时甲、乙省企业经营利润相等，即 $\pi = \pi^*$。解方程 $B = B^*$，得到企业的均衡区位，计算公式如下：

$$\gamma = \frac{1}{2} + \frac{1 + \delta}{1 - \delta}\left(\theta_E - \frac{1}{2}\right) \tag{6.23}$$

式（6.23）表明，企业的均衡产业区位是甲省市场份额和省际交易成本的函数。

2. 均衡增长率

假设为了积累 1 单位资本，甲、乙两省的创新速度不一样，企业家在甲省需要雇佣 η/n 单位劳动，而在乙省则需要雇佣 η/n^* 单位劳动，η 是创新成本系数。这意味着区域的创新成本是区域企业数的减函数，存在区域知识溢出效应。

均衡稳定状态下，甲省市场份额 $\gamma = n/N$ 固定，n、n^* 和 N 均以增速 $g = \dot{N}/N$ 增长。假设企业的资本价值为 v，则资本投资的套利条件是 $r = \dfrac{\dot{v}}{v} + \dfrac{\pi}{v}$，也就是资本 v 的投资收益要等于经营利润与资本增值之和。资本可自由投资企业但均衡时利润为零，企业的投资价值等于企业生产边际成本，因此 $v = \eta/n$，则 $g = \dot{N}/N = \dot{n}/n = -\dot{v}/v$。此外，均衡时，劳动力 $2L$ 将在知识创新部门被雇 $\eta \dot{N}/n$、无差异化产品生产部门被雇 $LY + LY^* = (1-\alpha)L(E+E^*)$、差异化产品生产部门被雇 $N\beta x = \alpha L \dfrac{\sigma-1}{\sigma}(E+E^*)$。

$$2L = \eta \dot{N}/n + LY + LY^* + N\beta x = \eta g/\gamma + \frac{\sigma-\alpha}{\sigma}L(E+E^*)$$

(6.24)

稳定状态下，g 和 γ 固定，则消费者支出是常数。由前述 $\gamma = \rho$ 及 $g = -\dot{v}/v$，结合边际资本定价 $v = \eta/n$，资本投资套利条件可重写为 $g + \rho = \pi/v = \pi n/\eta$，利用方程 $\pi = \dfrac{\beta x}{\sigma-1}$，$x = \alpha L \dfrac{\sigma-1}{\beta\sigma}\dfrac{E+E^*}{N}$ 及 $2L = \eta g/\gamma + \dfrac{\sigma-\alpha}{\sigma}L(E+E^*)$，可以导出均衡时经济增长率为

$$g = \frac{2L\alpha}{\eta\sigma}\gamma - \frac{\sigma-\alpha}{\sigma}\rho$$

(6.25)

从式（6.25）可以看出，消费者期望收益率 ρ 越高，资本投资收益也就要求回报越高，这将增加经营成本，进而拉低经济增长率；劳动力人口 L 越大，利用人口红利将促进增长；差异化产品之间的替代弹性 σ 越大，企业竞争力难以持续，进而减缓增长；创新成本 η 越高，创立企业成本越高，不利于

经济增长;由于知识溢出将降低产业集聚区企业的投资成本,故产业区位 γ 对经济增长有正效应。

3. 均衡收入差距

假设均衡条件时甲、乙省的人均支出与人均收入相等,人均收入包括劳动收入和资本收入两部分。假设人均劳动收入水平为 1,甲、乙省资本收入是总财富 Nv 与消费倾向 ρ 乘积,则甲、乙省总收入 $E + E^* = 2L + \rho Nv$。由于企业价值 $v = \pi/(\rho + g)$,$g + \rho = \pi n/\eta$,甲省的人均财富为常数 Kv/L,可推导甲省收入水平与增长率的关系如下:

$$E = L + \rho Kv = L + \rho kN\frac{\eta}{n} = L + \frac{\rho k\eta}{\gamma} \qquad (6.26)$$

由 g 的表达式可以得到 $\gamma = \dfrac{(\sigma - \alpha)\rho + \sigma g}{2L\alpha}\eta$,代入上式可得出

$$E = \left[1 + \frac{2\alpha\rho k}{(\sigma - \alpha)\rho + \sigma g}\right]L \qquad (6.27)$$

同理,
$$E^* = \left[1 + \frac{2\alpha\rho(1 - k)}{(\sigma - \alpha)\rho + \sigma g}\right]L \qquad (6.28)$$

$k = K/(K + K^*)$ 是甲省资本份额,由于甲、乙省均衡时,K,K^*,n,n^* 以相同速度增长,故 k 不随时间变化。$\theta_E = E/(E + E^*)$ 是甲省消费者的支出份额,也即甲省市场份额为

$$\theta_E = \frac{1}{2}\frac{\sigma(g + \rho) + \alpha\rho(2k - 1)}{\sigma(g + \rho)} \qquad (6.29)$$

从式(6.29)看出,当 $k > 1/2$ 时,即甲省的初始资本禀赋大于乙省,则 $\theta_E > 1/2$,即甲省人均收入水平高于乙省。

将用于政策分析的几个均衡关系式归纳到一起

$$\gamma = \frac{1}{2} + \frac{1 + \delta}{1 - \delta}\left(\theta_E - \frac{1}{2}\right) \qquad (6.30)$$

$$g = \frac{2L\alpha}{\eta\sigma}\gamma - \frac{\sigma - \alpha}{\sigma}\rho \qquad (6.31)$$

$$\theta_E = \frac{1}{2} \frac{\sigma(g + \rho) + \alpha\rho(2k - 1)}{\sigma(g + \rho)} \tag{6.32}$$

支持欠发达地区产业发展的区域政策，其最主要目标就是要降低不同区域间经济和社会发展的差距。欠发达地区和发达地区之间资本禀赋不同，欠发达地区实际资本存量低于发达地区。如果用资本边际生产力递减规律来解释，则欠发达省的资本边际生产力高于发达省，资本将从发达省流向欠发达省，这样欠发达省的经济增长就会快于发达省，两省的收入水平会自发均等化[189]。但现实情况是，欠发达地区与发达地区之间的差异复杂多样，这些因素都会左右资本的边际生产力，进而影响资本流动，有必要采取产业政策促进产业转移。

我们用图 6.1 来分析长江经济带省际均衡的内在特征。

（1）市场规模效应。从式（6.16）可以看出，存在市场规模效应，γ 和 θ_E 正相关，用第一象限的曲线 $\gamma(\theta_E)$ 表示。$\gamma(\theta_E)$ 意味着省际消费者的支出水平差距越大，则发达省产业集聚程度越高。对于新建立的经济活动，消费者的支付能力高则意味着更大的市场规模，因此把产业转移到这一区域更加有利可图，因而省际产业区位差距将增加。

（2）知识溢出效应。从式（6.17）可以看出，g 与 γ 之间的正向关系用第二象限的曲线 $g(\gamma)$ 表示。$g(\gamma)$ 意味着产业区位优势越高的省，则经济增长率越高，因为更高的集聚水平意味着知识的聚集，意味着创新成本下降，进而促使增长率上升。

（3）产业拥挤效应。从式（6.18）可以看出，θ_E 和 g 之间负相关，由第四象限的曲线 $\theta_E(g)$ 表示。成功的创新将吸引模仿者进入，结果竞争就越强，垄断利润下降。相对而言，向欠发达地区转移产业，两省之间消费者的收入水平差距逐渐减小。

■ 6.2.4　省际产业转移的政策效用分析

假设初始阶段，省际产业状态达到均衡，如图 6.2 所

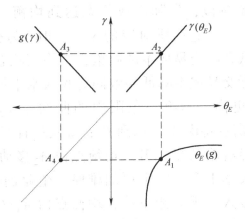

图6.1　长江经济带省际产业转移政策效应分析图

示。A_1、A_2、A_3、A_4点所对应的 θ_E、γ 和 g 为初始均衡值。如果采取从发达省直接补贴给欠发达省等转移支付的政策，则均衡状态将发生以下变化：①转移支付降低了省际收入差距，但将导致发达省消费者收入水平下降，第四象限内曲线 $\theta_E(g)$ 将移动到 $\theta'_E(g)$ ，均衡点将由 A_1 移动到 B_1；②发达省收入水平下降，带动发达省产业区位下降，均衡点将由 A_2 移动到 B_2；③发达省产业区位下降，则导致发达省经济增长率下降，均衡点将由 A_3 移动到 B_3，A_4 移动到 B_4。因此，向欠发达省进行转移支付虽然可以降低省际收入差距，但是同时也将降低发达省的经济增长率。

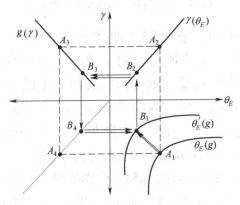

图6.2　省际转移支付政策的效应

假设初始阶段，省际产业状态达到均衡，如图6.3所示。A_1、A_2、A_3、A_4点所对应的γ、g和θ_E为初始均衡值。如果采取降低省际交易成本的政策，则均衡状态将发生以下变化：①省际交易成本降低导致同等收入水平情况下发达省的产业区位更高，则第一象限内的曲线$\gamma(\theta_E)$将移动至$\gamma'(\theta_E)$，均衡点将由A_1移动到B_1；②发达省产业区位上升，带动发达省经济增长率上升，均衡点由A_2移动到B_2；③发达省经济增长率上升，资本更加雄厚，企业创业更加容易，将导致省际收入水平差距下降，均衡点由A_3移动到B_3，相应的A_4移动到B_4。因此，降低省际交易成本，既可以提升经济增长率又可以降低省际收入差距。

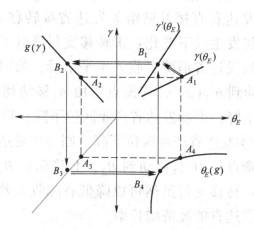

图6.3 降低省际交易成本政策的效应

假设初始阶段，省际间产业状态达到均衡，如图6.4所示。A_1、A_2、A_3、A_4点所对应的g、θ_E，γ为初始均衡值。如果采取降低创新成本政策，则均衡状态将发生以下变化：①创新成本的降低则将第二象限内曲线$g(\gamma)$移动到$g'(\gamma)$，均衡点将由A_1移动到B_1；②创新成本降低将带来经济增长率提高，均衡点将由A_2移动到B_2；③经济增长率提高，资本积累更加雄厚，企业创业更加迅速，降低了垄断利润，将降低省际收入差距，均衡点将由A_3移动到B_3；④发达省产业收入水平的降

低将降低发达省的产业区位，省际差距将进一步缩小，均衡点
将由 A_4 移动到 B_4。因此，降低创新成本政策，既可以提升经
济增长率又可以降低省际收入差距。

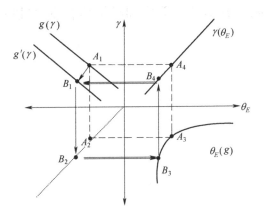

图 6.4　降低创新成本政策的效应

综合上述分析，省际转移支付、降低省际交易成本和降低
创新成本 3 种政策中，省际转移支付虽然降低了省际收入差
距，但是以降低经济增长率为代价；而降低省际交易成本、降
低创新成本这两种政策增加经济增长率的同时又能降低省际收
入差距。因此，着力考虑降低长江经济带省际交易成本以及创
新成本，将有效提升经济增长率并降低省际消费差距。

6.3　小　　结

（1）针对产业转移"恶性竞争"问题对长江经济带产业
转移省市政府在操作层面的推动机制进行了博弈分析。指出无
论是发达省市政府还是欠发达省市政府，在制定和实施对企业
进行补贴的产业转移政策过程中，都需要对区位优势差异、企
业投资对本地政府净收益、两地劳动力工资水平差异等因素进
行综合权衡才能获得最大效益，没有必要盲目补贴。

（2）基于知识溢出增长模型对省际产业转移的政策效用

进行了分析。重点分析了省际转移支付、降低省际交易成本和降低创新成本3种政策的效用，指出省际转移支付虽然降低了省际收入差距，但是以降低经济增长率为代价；降低省际交易成本和降低创新成本则既能增加经济增长率又能降低省际收入差距。

第7章

创新驱动长江经济带产业转移建议

产业跨区域转移是一种经济现象，企业作为市场主体，是以逐利为目标，其主观上不会考虑国家层面区域协调发展、产业结构优化等问题，而地方省市政府有各自发展路径。因此，在产业转移中，中央政府的角度是需要立足于促进长江经济带区域协调发展和产业结构优化升级，在此前提下规范产业跨区域转移的行为，防止"产能过剩"加重、地方政府过度竞争等问题。同时，要避免转出地"腾笼换鸟"出现"产业空心化"问题，促进承接地实现"有效承接"。

1. 加强统筹协调，形成发展合力

以推动区域协调发展和区域产业结构优化升级为出发点，把握长江经济带产业跨区域转移的现状特征和规律，科学发挥市场和政府的作用，建立"市场为主导，政府政策引导为补充"的转移机制。在中央推动长江经济带发展领导小组的统一领导下，设立跨行政区域的创新驱动产业转移工作协调机制，加强对长江经济带一体化发展的规划、组织、协调。定期召开长江经济带产业转移工作会议和部际协调会，及时总结和讨论重点工作，研究配套政策，指导地方政府开展产业转移工作，协调解决部际和省际层面在开展产业转移的过程中遇到的突出问题和主要矛盾[190]。加强督促检查，探索将创新驱动产业转移纳入长江经济带9省2市政府绩效考核，建立常态化第三方机构评估、企业调查和社会公开评价制度，动态调整优化各项政策措施。建立政府、企业、金融机构联动机制，引导各类金融机构紧密结合战略规划、产业政策以及区域发展实际，创新金融服务，进一步优化信贷结构，充分发挥金融支持实体经济发展的独特优势。

2. 厘清职责边界，推动改革示范

中央政府的职责是为产业转移创造一个良好的宏观环境，从全国角度制定规则和标准，通过规划、引导、调控与规制等方面的作用，统筹谋划区域大型基础设施建设，促进产业有序较快转移。要从技术、工艺、环境等方面完善承接产业转移的准入标准，引导产业在转移过程中实现结构升级，避免污染转移；确立具有区域导向的优惠政策体系，引导产业布局调整，促进区域协调发展。进一步加大长江经济带各省市简政放权工作力度，精简审批事项，规范中介服务，清理废除妨碍创新创业发展的制度规定，实行企业投资项目网上并联审批。推动建立统一要素市场，打破地区封锁和行业垄断，推动劳动力、资本、技术等要素跨区域流动和优化配置。积极在重要领域和关键环节推进创新驱动改革试验示范，深入市场准入、激励机制、知识产权、金融创新、国际合作、人才流动、科研机构、科技管理体制等方面进行探索试验。鼓励长江经济带各省市加快落实已经推广的国家自主创新示范区有关试点政策。开放专利信息基础数据，加强各类创新信息资源互联共享。加快要素价格市场化改革，放开竞争性环节价格，结合沿江产业结构调整，提高环境、安全、节能节地节水及技术等市场准入标准。

3. 完善市场环境，营造创新氛围

完善公共投资、市场准入相关规定与程序，优化管制流程，提高社会化服务审批效率。完善市场退出机制，淘汰压缩落后产能，倒逼无竞争力或在节能环保、安全生产、食品药品、工程质量等方面达不到强制性标准的企业退出。完善知识产权统计监测体系，积极开展知识产权分析评议及标准体系建设。加强知识产权执法协作，推动知识产权法院建设，探索跨地区知识产权案件异地审理机制。加强形势分析监测，推动专业服务机构建设，提供政策、市场、法律、境外投资等方面的信息服务。加快建设市场主体信用信息平台，健全守信激励机制，完善失信惩戒机制，强化对市场主体的信用监管。加快出台公平竞争审查制度，限制滥用市场支配地位以及其他不正当竞争行为。深化商事制度改革，加快实施住所登记改革，为创业创新提供便利工商登记服务。适度保持对长江中上游地区高速公路、高铁、支线机场等建设规模，持续完善中上游地区的交通基础设施条件，建立和完善中上游与沿海的高效物流网络。

4. 优化产业布局，分类重点推进

实行差异化产业政策，以产业链为整体，加强上中下游产业互动，推进区域协同发展，发展重点见表 7.1。发挥上中下游各自优势，推动建立科学合理、分工协作的产业布局。结合重大生产力布局规划、主体功能区定位，坚持政府引导和市场机制相结合、产业转移和升级相结合、优势互补与互利共赢相结合、资源开发与生态保护相结合，创新园区合作管理模式和运作机制。搭建区域间产业转移促进服务平台，推动区域间的园区跨省市合作共建，引导长江经济带地区间产业合作。综合运用产业政策、土地政策、环境容量和资源配置等手段，加强产业转移的政策引导和宏观调控。围绕长江经济带各地资源优势、产业基础和资源环境承载力，适时出台长江经济带产业转移指导目录，充分挖掘地区潜力，加强区域产业互动，绝对禁止异地转移落后产能的事件发生。

表 7.1　长江经济带区域发展重点

区　域	实　施　内　容
长江上游地区	以重庆、成都、昆明、贵阳为中心，加强重点领域的应用示范，率先开展新兴技术及产品推广应用，支持发展专业服务、增值服务等新业态。支持产业重点产品、技术和服务，开拓国际国内市场，提升开发开放的质量和水平。坚持要素成本优势与市场优势双轮驱动，高起点、有针对性地承接下游产业转移，重点推动与中下游省市园区合作，形成长江上游地区与中下游地区互动性发展模式

区　域	实　施　内　容
长江中游地区	推动武汉城市圈、长株潭城市群、鄱阳湖城市群和皖江城市带建设。提升钢铁、有色金属、建材等原材料工业发展水平，壮大汽车、装备制造及高技术产业实力，提升轻工、纺织服装业的国际竞争能力。优化服务业发展结构，大幅提升服务业比重。强化综合交通运输枢纽地位，完善物流体系建设。鼓励中游地区产业积极承接下游地区产业转移，支持湖北荆州、湖南湘南、江西赣南、皖江城市带等国家级承接产业示范区建设
长江下游地区	巩固和发展具有全球影响力的先进制造业和现代服务业中心，提升制造业的层次和水平，加快发展服务外包、金融、物流、信息、研发等面向实体经济和信息消费的服务业，提高服务业的核心竞争能力。围绕产业高端化、服务化、知识化、低碳化发展的要求，加强与中上游地区合作，鼓励高能耗、高污染行业向外转移。在更高层次上参与国际分工合作，发挥区域创新辐射带动作用

5. 培育产业集群，完善产业生态

以沿江国家级、省级开发区为载体，以大型企业为骨干，发挥中心城市的产业优势和辐射带动作用，在新型平板显示、集成电路、先进轨道交通装备、汽车制造、电子商务等5大重点领域（见表7.2）布局一批战略性新兴产业集聚区、国家高新技术产业（化）基地和国家新型工业化产业示范基地，打造世界级产业集群。发挥沿江产业带重点省市的优势条件和基础，瞄准发展潜力较强、市场前景广阔的产业领域，在生物医药、研发设计服务、检验检测服务、信息化和软件服务、新材料产业、现代物流、现代金融服务、节能环保、新能源装备、航空航天等领域培育一批具有国际竞争力的本土跨国企业和专精特新的中小企业，形成骨干企业领军、中小企业配套协同发展的良好产业生态体系，培育10大新兴产业集群，见表7.3。

表7.2　长江经济带5大世界级产业集群发展重点

序号	重点产业	实施内容
1	新型平板显示产业集群	以合肥、武汉、上海、重庆、成都为核心，依托显示面板生产线，打造新型平板显示产业集群

续表

序号	重 点 产 业	实 施 内 容
2	集成电路产业集群	以上海、湖北、江苏为核心，依托 12 英寸集成电路芯片生产线，打造集成电路产业集群
3	先进轨道交通装备产业集群	以株洲、重庆、南京、成都、武汉为核心，提升城际轨道车辆制造能力以及轻轨、地铁组装能力和维修能力，打造先进轨道交通装备产业集群
4	汽车制造产业集群	以上海、武汉、重庆、安徽、长株潭地区、成都、浙江、南昌为核心，完善整车制造及配套产业链，大力发展新能源汽车产业，打造汽车制造产业集群
5	电子商务产业集群	以沿江电子商务示范城市为核心，依托移动互联网新模式新业态，打造电子商务产业集群

表 7.3　长江经济带 10 大新兴产业集群发展重点

序号	重 点 产 业	实 施 内 容
1	生物医药产业集群	以上海、昆明、重庆、武汉、泰州、长沙、合肥、南昌、成都、南京为核心，培育发展生物制药、医疗器械，以贵州、云南、四川、湖北为中心，发展现代中药产业，加快发展生物医药产业集群
2	新材料产业集群	以上海、浙江、江苏、江西、四川、云南、湖北、湖南、重庆等为核心，加强新材料技术创新、产业化和规模应用，提升新材料产业规模和竞争力，加快发展新材料产业集聚
3	节能环保产业集群	以成都、长沙、杭州、重庆为核心，提升节能环保设备、水处理、大气污染防治和固体废弃物利用能力，以江苏、上海、重庆为核心，发展先进节能环保技术研发及环保服务业，加快发展节能环保产业集群
4	新能源装备产业集群	依托四川、上海、江苏、浙江发展核电装备集群，依托四川、上海、江苏、湖南、重庆发展风电装备集群，依托重庆发展页岩气装备集群，依托上海、江苏、江西、安徽发展太阳能光伏装备集群
5	航空航天产业集群	以上海、成都、长株潭、安顺、芜湖、重庆为核心，发展国家民用航空航天，以武汉、南昌为核心，发展飞机设计与制造、动力系统和机载系统制造、航空服务，加快发展航空航天产业集群

续表

序号	重点产业	实 施 内 容
6	研发设计服务产业集群	以上海、南京、重庆、武汉、长沙、杭州、成都等为核心，加快发展研发设计服务产业集群
7	检验检测服务产业集群	以上海、嘉兴、重庆、贵州、长沙为核心，面向设计开发、生产制造、售后服务的全过程服务，加快发展检验检测服务产业集群
8	信息化和软件服务业产业集群	以上海、南京、成都、武汉、长沙、杭州、重庆、贵阳为核心，瞄准基础软件、云计算、大数据、信息物理融合系统等新一代信息技术，加快发展信息化和软件服务业产业集群
9	现代物流产业集群	以上海、重庆、武汉、宁波、成都为核心，促进海铁联运、铁水联运、公水联运、江海联运等多种运输方式的无缝衔接和高效中转，推进物流基础设施建设，优化物流园区网络体系布局，加快发展现代物流产业集群
10	现代金融服务产业集群	以上海、重庆、武汉、长沙、杭州、成都为核心，创新金融营运管理机制，提高金融资产交易效率，形成金融人才和研究集聚地，加快发展现代金融服务产业集群

6. 加大园区建设，夯实发展平台

推进安徽皖江、江西赣南、湖北荆州、湖南湘南、重庆沿江、四川广安等国家级承接产业转移示范区建设。鼓励长江经济带上中游有条件的地区在现有工业园区的基础上紧密结合建设国家新型工业化产业示范基地与提高承接产业转移能力，打造高水平产业承接平台。对示范区建设用地年度计划指标单列，优先核准符合国家产业政策的重大产业转移项目，简化土地审批程序，对承接产业转移的重大项目建设用地重点倾斜。建立考核机制，把园区投资强度和产出强度作为考核重点。鼓励各地区集约利用土地资源，大力纠正土地未批先用、擅自变更规划等违规行为，严肃查处企业突破实际运营需要进行大规模占用土地。加强对产业转移承接地的环境监管，承接地的发展规划制定、企业选址、环评等方面严格把关，加强环境基础设施建设和运行的监督。对重污染行业实行统一规划和定点布局，严禁在饮用水源保护区及其上游地区规划建设有排放污染物、威胁饮用水源安全的产业转移园区，加强环境执法检查，加大重点区域、典型案件挂牌督办、责任追究和后督查力度。

7. 拓宽资金渠道，引导多元投入

统筹研究设立产业投资基金、创业投资基金，通过政府投资引导撬动社会资金。整合现有资金渠道，在信息基础设施、新兴产业培育、传统产业改造升级、跨区域重大工程、骨干企业培育等方面加大支持力度。结合产业政策导向适度扩大企业研发费用税前加计扣除范围，简化研发费用加计扣除执行程序。完善政府首购、采购政策，探索开创创新约定政府采购试点，研究设立政府采购中小企业创新产品的最低比例。加快开展首台（套）重大技术装备保险补偿机制试点工作。在若干有条件的地区，对使用新能源、新能源汽车、节能环保产品等新兴产品和服务的用户，完善简化政府补贴申请及审批程序。探索为企业创新活动提供相关股权和债券相结合的融资试点服务，建立知识产权质押融资市场化风险补偿机制。探索设立长江经济带政府性创新再担保基金，强化科技担保服务。转移的不同行业实行差别化税收政策或税收援助。发挥税收优惠引导投资作用，对在长江上中游地区新办的劳动密集型产业和特色产业在折旧年限、税前扣除标准、税收抵免额度等方面出台更优于沿海地区的政策。鼓励企业税后利润再投资，对投资部分已经缴纳的所得税税款尽量返还，着力培育企业自身造血功能。

8. 优化人才环境，加强智力建设

国家各类人才计划结合长江经济带人才需求予以积极支持，落实个人所得税减免、薪酬补贴等优惠政策，吸引高层次人才创新创业。加强人才培养战略布局，统筹推进产业、人才、区域、科技一体化发展。设立专项资金用于创新领军人才培育和海外高水平人才引进。建立高水平人才双向流动机制，

对企业引进急需紧缺的高层次、高技能人才给予一定的薪酬补贴。推动沿江各省市联合设立若干大型专业人才服务平台，完善人才需求信息发布方式，增强人才供需衔接。通过设立科技创新平台、开展合作教育、共同实施重大项目，推行"双导师制"等联合培养方式，构建创新型人才培养模式，集聚高层次人才和创新团队。转变对地方政府的考核机制，建立健全科学合理的干部考核制度，改变地方官员的考核指标。更加注重把有利于推进科学发展、有利于推进经济转型升级、有利于增进百姓福利和幸福感的指标纳入各级政府政绩考核范畴。要增加社会管理、公共服务、环境保护等考核指标的比重，降低经济发展所占的权重。

■ 第 8 章 ■

总结和研究展望

8.1 总 结

本书致力于解答长江经济带产业转移的 4 大问题，即"长江经济带产业转移现状如何""产业转移是否有效地提升了长江经济带 9 省 2 市产业发展现代化水平""长江经济带产业转移的路径是什么"和"如何进一步创新驱动长江经济带产业转移"。主要内容如下：

（1）对长江经济带产业转移问题相关研究进行了梳理。首先，介绍了选题背景及意义。其次，分别界定了长江经济带和产业转移两个概念。针对产业转移的内涵进行了辨析，将产业转移定义为区域产业规模发生相对变化的现象。再次，指出长江经济带产业转移问题的交叉研究则刚刚破题，研究内容属于区域中观层次，承上启下，其重要性无须赘言。最后，介绍了研究思路和内容、研究方法、技术路线以及主要创新点。

（2）对理论基础和基本模型进行探讨。首先，对长江经济带产业转移的理论基础进行详细阐释。其次，基于偏离-份额法分析了长江经济带产业转移的动力源泉。指出长江下游省份地区生产总值和第三产业增加值增长源于产业基础优势和产业结构优势，第二产业增加值增长源于产业基础优势；而长江上中游省份地区生产总值和第三产业增加值增长源于产业竞争力强化，第二产业增加值增长主要源于产业结构和产业竞争力双重优势，突出问题是产业基础较弱。再次，基于省际产业转移机理分析对长江经济带产业转移战略层面关注重点进行了探讨。构建了市场需求模型、企业生产计划模型和产业转移决策模型，展开均衡分析，提出企业产业转移决策与产业转移前后销售总收入变化相关，受多种因素综合影响，如果生产要素成本、运营成本、交易成本趋大，或者本地市场份额减小，则企业将趋向于产业转移。对于长江经济带而言，当前发达省份生产要素成本、运营成本、交易成本均呈现上升趋势，欠发达地区更多需要关注培育市场份额较大的产业，则就能够足以吸引发达省份产业转移。

（3）对长江经济带发展战略变迁进行归纳。首先，将长江经济带产业发展划分为孕育、集聚、均衡、准备、启动、停滞、复苏以及腾飞 8 个阶段，深入剖析了各个阶段长江经济带产业发展的特点和空间演化。其次，分析了长江经济带经济社会发展总体情况，提出长江经济带是我国资源丰富的珍宝带、区位占优的便利带、半壁江山的经济带、人口城市的密集带、智力荟萃的科技带、对外开放的实力带和差异发展的起伏带。再次，探讨了长江经济带发展的国际国内环境，指出当前世界经济复苏之路曲折而又艰难，未来世界经济不确定性因素依旧较多，我国经济发展受外部环境的影响将不容乐观；当前我国经济发展步入新常态，未来我国经济能够实现中高速发展，长江经济带发展战略重启是世界潮流、历史和实力综合作用。最后，剖析了新时期下长江经济带发展战略的核心内涵，即谋划区域发展新棋局，由东向西、由沿海向内地，沿大江大河和陆路交通干线，推进梯度发展。

（4）对长江经济带产业转移现状进行分析。首先，总结了我国产业转移的历程和现状。将我国产业转移历程划分为 4 个阶段，提出我国产业转移的特点包括 5 个方面：一是从产业转移的流动方向看，引进与走出去齐头并进；二是从产业转移的演进路径看，链式组团转移逐渐增多；三是从产业转移的承接方式看，合作共建园区渐成气候；四是从产业转移的质量效率看，协调互动转型迈向新阶段；五是从产业转移的经济效益看，经济增长差距日益缩小。其次，对近年来长江经济带产业转移的工作体系进行了概括。从严格意义上讲，我国目前尚未形成独立的长江经济带产业转移工作体系。中央推进长江经济带产业转移的各项工作均包含在全国产业转移工作体系之中，包括持续落实有序转移，着力抓顶层设计；持续优化产业结构，着力抓分类指导；持续夯实平台基础，着力抓试点示范；持续完善联动机制，着力抓服务对接。再次，探讨了长江经济带2005—2013 年产业转移现状。对大类产业区位变化情况进行分析，指出 2005—2013 年长江经济带 9 省 2 市均发生了产业转移，长江下游地区产业转出明显，长江上中游地区产业承接明显但集中在第二产业尤其是工业。对产品产量区位变化进行分析，从产品产量区位变化平均值看，长江下游主要产品生产占全国比重呈下降趋势，而中上游地区除贵州外均呈现上升趋势，尤其是向四川、重庆、安徽、湖南转移趋势明显。然后，分别对长江经济带 9 省 2 市推进产业转移工作的基本情况和主要做法进行了归纳和总结。总结出 5 条省市推进产业转移有益启示，即注重产业承接与培育新的竞争优势相结合、注重高端承接与产业适应相协调、注重打造集群转移与集群承接新模式、注重配套引进与配套完善并举、注重硬环境与软环境双优化。最后，提出长江经济带省际产业转移需要重视的 4 个问题："腾笼换鸟"的悖论问题、承接产业转移"恶性竞争"问题、承接产业转移的有效性问题和"产能过剩"行业的转移问题。

（5）对长江经济带产业转移绩效进行评价。首先，探讨了产业发展现代化的内涵。提出产业发展现代化是建立在现代科学技术基础之上，瞄准现代世界先进水平，以现代发展理念发展产业。其次，构建了产业发展现代化水平评价指标体系。指标体系包括"创新驱动""数量""速度""质量""效益""协调""可持续""以人为本"共 8 个一级指标、15 个二级指标。再次，基于熵权–TOPSIS 法对 2005 年、2013 年我国 31 个省（市）产业发展现代化水平进行评价，得出了各省（市）产业发展现代化水平排名。然后，着重分析了 2005—2013 年长江经济带 9 省 2 市产业发展现代化水平的演变情况。研究发现，2005—2013 年，长江经济带下游省（市）产业发展现代化水平在全国保持领先，"创新驱动""质量""以人为本"水平上升，但产业发展的"速度""效益""协调"水平下降，尤其是"速度"，平均排名下降 7 位；长江经济带中游省（市）产业发展现代化水平提升较快，"创新驱动""速度""质量""效益""协调""可持续""以人为本"水平均有所提升，尤其是"速度"，平均排名上升 7 位，仅"数量"排名轻微下降；长江经济带上游省（市）产业发展现代化水平提升较快，"创新驱动""数量""速度""质量""效益""协调""可持续"水平均有所提升，尤其是"速度"，平均排名上升 7.5 位，但"以人为本"方面有些下降。2013 年长江经济带产业发展水平发达省市有 3 个，分别是：江苏、上海、浙江；欠发达省市 5 个，分别是四川、重庆、湖北、湖南、安徽；落后省份 3 个，分别是：江西、云南、贵州。经过努力，2005 年的落后省份安徽在 2013 年进入欠发达省市类别。最后，对比了 2005—2013 年长江经济带省（市）产业转移总量变化与产业发展现代化水平变化之间的关系。结论是产业转移的总量变化与产业发展现代化水平的变化并无明显的相关关系。

（6）对长江经济带省市推进产业转移路径进行研究。首先，针对产业转移"恶性竞争"问题对长江经济带产业转移省市政府在操作层面的推动机制进行了博弈分析。指出无论是发达省市政府还是欠发达省市政府，在制定和实施对企业进行补贴的产业转移政策过程中，都需要对区位优势差异、企业投资对本地政府净收益、两地劳动力工资水平差异等因素进行综合权衡才能获得最大效益，没有必要盲目补贴。其次，基于知识溢出增长模型对省际产业转移的政策效用进行了分析。重点分析了省际转移支付、降低省际交易成本和降低创新成本 3 种政策的效用，指出省际转移支付虽然降低了省际收入差距，但是以降低经济增长率为代价；降低省际交易成本和降低创新成本则既能增加经济增长率又能降低省际收入差距。

（7）对指导长江经济带产业转移对策进行研究。提出创新驱动长江经济带产业转移建议。分别是：加强统筹协调，形成发展合力；厘清职责边界，推动改革示范；完善市场环境，营造创新氛围；优化产业布局，分类重点推进；培育产业集群，完善产业生态；加大园区建设，夯实发展平台；拓宽资金渠道，引导多元投入；优化人才环境，加强智力建设。

本书紧跟中央、国务院关于推进长江经济带发展的重大战略部署，解决亟须问题；深入融合长江经济带和产业转移两个领域的最新研究成果；综合采用区域经济学、空间经济学、产业经济学、数理统计、合作博弈论、系统工程等领域知识和工具研究实际问题，学科交叉性强。主要创新点如下：

（1）基于偏离-份额法分析了长江经济带产业转移的动力源泉。指出长江下游省市地区生产总值和第三产业增加值增长源于产业基础优势和产业结构优势，第二产业增加值增长源于产业基础优势；而长江上中游省市地区生产总值和第三产业增加值增长源于产业竞争力强化，第二产业增加值增长主要源于产业结构和产业竞争力双重优势，突出问题是产业基础较弱。

（2）基于省际产业转移机理分析对长江经济带产业转移战略层面关注重点进行了探讨。构建了市场需求模型、企业生产计划模型和产业转移决策模型，展开均衡分析，指出长江经济带的欠发达省市更多需要关注培育市场份额较大的产业，则就能够足以吸引发达省份产业转移。

（3）对长江经济带产业转移绩效进行了评价。对比了2005—2013 年长江经济带省市产业转移总量变化与产业发展现代化水平变化之间的关系。结论是产业转移的总量变化与产业发展现代化水平的变化并无明显的相关关系。

（4）研究了长江经济带产业转移路径。对长江经济带9省2市产业转移政府推动机制进行了博弈分析。指出在制定和实施对企业进行补贴的产业转移政策过程中省级政府需要对区位优势差异、本地政府净收益、两地劳动力工资水平差异等因素进行综合权衡才能获得最大效益，没有必要盲目补贴。建立知识溢出增长模型对省际产业转移政策效用进行了分析。指出省际转移支付虽然降低了省际收入差距，但是以降低经济增长率为代价；降低省际交易成本和降低创新成本则既能增加经济增长率又能降低省际收入差距。提出创新驱动长江经济带产业转移建议。

8.2 研究展望

本研究进行过程中，需要克服许多困难。其一，研究内容涉及面广。需要吃透中央省市各层产业政策，需要对长江经济带9省2市的产业转移现状了如指掌。其二，研究基础薄弱。国家缺乏长江经济带产业转移监测平台，政策碎片化、利益部门化现象比较突出，工作缺乏有力抓手。其三，建模难度大。理论界有关研究也大多泛泛而谈，缺乏系统思考，尤其缺定量实证分析。空间经济学理论研究可以说刚起步，数学模型建模参数多、分析困难，有些结论与实践情况不符，存在争议。

进一步的研究可以集中在以下方面。

（1）更加深入地分析国内外流域经济推进产业变迁实践。

（2）探讨长江经济带与国内其他经济带乃至国际经济带、城市圈的产业联动研究。

（3）改进空间经济学模型，使得模型分析产业转移问题更加符合实际。

参 考 文 献

[1] 毛琳. 关于长江经济带研究的文献综述 [J]. 现代经济信息, 2014 (11): 444-445.

[2] 鞠立新. 略论长江经济带的崛起与跨区域协调机制创新 [J]. 上海商学院学报, 2015 (1): 24-31.

[3] 水利部. 2002 年至 2005 年第二次水资源评价数据 [A]. 中国统计年鉴, 2011.

[4] 陈修颖. 长江经济带空间结构演化与重组 [J]. 地理学报, 2007, 62 (12): 1265-1276.

[5] 徐国弟. 21 世纪长江经济带综合开发 [M]. 北京: 中国计划出版社, 1999.

[6] 唐卫彬, 皮曙. 万里长江布局中国经济合纵连横 [J]. 商业故事, 2014 (27): 8.

[7] 梁琦. 空间经济学: 过去、现在与未来——兼评《空间经济学: 城市、区域与国际贸易》 [J]. 经济学季刊, 2005, 4 (4): 1067-1086.

[8] 丁一文. 失业地区差异的新经济地理学模型分析 [J]. 经济地理, 2010, 30 (12): 1966-1971.

[9] 陈建军. 产业区域转移与东扩西进战略 [M]. 北京: 中华书局, 2002.

[10] 陈建军. 中国现阶段的产业区域转移及其动力机制 [J]. 中国工业经济, 2002 (8): 37-44.

[11] 黄坡良. 产业转移与欠发达地区创新体系构建研究 [D]. 广州: 华南理工大学, 2011.

[12] 谢代银. 全球产业转移与区域战略抉择 [M]. 成都: 西南师范大学出版社, 2008.

[13] 魏后凯. 产业转移的发展趋势及其对竞争力的影响 [J]. 福建论坛 (经济社会版), 2003 (4): 11-15.

[14] 王云平. 产业转移问题研究的有关观点综述 [J]. 经济管理, 2013 (6) 21.

[15] 陈计旺.区际产业转移与要素流动的比较研究 [J].生产力研究，1999（1）：64-67.

[16] 国家发展和改革委员会产业经济与技术经济研究所.中国产业发展报告2012—2013——我国产业跨区域转移研究 [M].北京：经济管理出版社，2013.

[17] 陈刚，陈红儿.区际产业转移理论探微 [J].贵州社会科学，2001（4）：2-6.

[18] 俞国琴.中国地区产业转移 [M].上海：学林出版社，2006.

[19] 张公嵬，梁琦.产业转移与资源的空间配置效应研究 [J].产业经济评论，2010，9（3）：1-20.

[20] 孙浩进.中国产业转移的区域福利效应研究 [M].北京：经济管理出版社，2013.

[21] 刘红光，王云平，李璐.中国区域间产业转移特征、机理与模式研究 [J].经济地理，2014，34（1）：102-107.

[22] 陈刚，刘姗姗.产业转移论研究：现状与展望 [J].当代财经，2006（10）：91-96.

[23] 付保宗.中国产业区域转移机制问题研究 [M].北京：中国市场出版社，2008.

[24] 刘伟.长江经济带区域经济差异分析 [J].长江流域资源与环境，2006，15（2）：131-135.

[25] 张颖超，叶小玲.沿江开发中的统计建模与评价研究 [M].北京：科学出版社，2007.

[26] 于文静.长江经济带区域经济发展差异及协调度的定量分析 [D].上海：华东师范大学，2009.

[27] 牛禄青.长江经济带转型升级 [J].新经济导刊，2013（12）：19-25.

[28] 孙智君，于洪丽.长江经济带能源效率、能源消费与经济增长的区域差异——基于沿江11省市的数据分析 [J].经济学研究，2014，12（3）：61-67.

[29] 段进军.长江经济带联动发展的战略思考 [J].地域研究与开发，2005（2）：27-30.

[30] 黄庆华，周志波，刘晗.长江经济带产业机构演变及政策取向 [J].经济理论与经济管理，2014（6）：92-101.

[31] 曾刚.长江经济带协同发展的基础与谋略 [M].北京：经济科学

出版社，2015.

[32] 牛禄青. 长江经济带需要制度创新 [J]. 新经济导刊，2013 (12)：35-38.

[33] 秦尊文. 长江经济带研究与规划 [M]. 武汉：湖北人民出版社，2015.

[34] 陆大道. 2000 年我国工业生产力布局总图的科学基础 [J]. 地理科学，1986，6 (2)：375-384.

[35] 陆大道，樊杰. 区域可持续发展研究成果的应用和社会价值 [J]. 地理教育，2013 (12)：1.

[36] 张思平. 长江经济开发战略 [M]. 武汉：华中理工大学出版社，1989.

[37] 陈文科. 长江经济带开放开发研究 [M]. 武汉：湖北人民出版社，2010.

[38] 徐国弟. 21 世纪长江经济带综合开发 [M]. 北京：中国计划出版社，1999.

[39] 新华社. 五论"疏浚长江经济带" [N]. 经济参考报，2014-12-01.

[40] 唐卫彬，刘亢，皮曙初，等. 疏浚长江经济带 [N]. 经济参考报，2014-12-01.

[41] 吕政. 国际产业转移与中国制造业发展 [M]. 北京：经济管理出版社，2006.

[42] 戴宏伟. 国际产业转移与中国制造业发展 [M]. 北京：人民出版社，2006.

[43] 戴宏伟. 产业梯度双向转移与中国制造业发展 [J]. 经济理论与经济管理，2006 (12)：45-50.

[44] 张帆. 产业漂移——世界制造业和中心市场的地理大迁移 [M]. 北京：北京大学出版社，2014.

[45] 陈建军. 长江三角洲地区产业结构与空间结构的演变 [J]. 浙江大学学报（人文社会科学版），2007，37 (2)：88-98.

[46] 张公嵬，梁琦. 产业转移与资源的空间配置效应研究 [J]. 产业经济评论，2010，9 (3)：1-21.

[47] 刘红光，刘卫东，刘志高. 区域间产业转移定量测度研究——基于区域间投入产出表分析 [J]. 中国工业经济，2011 (6)：79-88.

[48] 杜传忠，刘英基. 区际产业分工与产业转移研究 [M]. 北京：经

济科学出版社，2013.

[49] 张新芝. 区域产业转移的发生机制研究 ［M］. 北京：经济管理出版社，2014.

[50] Molle W T M. Industrial mobility——A review of empirical studies and an analysis of the migration of industry from the city of Amsterdam ［J］. Regional Studies，1977，11（5）：323-335.

[51] 李松志，刘叶飙. 国外产业转移研究的综述 ［J］. 经济问题探索，2007（2）：123-126.

[52] Dunning J H. The eclectic paradigm of international production：A re-statement and some possible extensions ［J］. Journal of International Business Studies，1988，19（1）：1-31.

[53] Wheeler D，Mody A. International investment location decisions：The case of US firms ［J］. Journal of international economics，1992，33（1）：57-76.

[54] 车冰清，沈正平，李敏. 国内外产业转移研究进展及其近今趋向 ［J］. 世界地理研究，2010，19（4）：25-30.

[55] Pellenbarg P H，Van Wissen L J G，Van Dijk J. Firm relocation：state of the art and research prospects ［M］. Groningen：University of Gron-ingen，2002.

[56] 张弢，李松志. 产业区域转移形成的影响因素及模型探讨 ［J］. 经济问题探索，2008（1）：49-53.

[57] 梁琦. 空间经济：集聚、贸易与产业地理 ［M］. 北京：科学出版社，2014.

[58] 杜传忠，刘英基. 区际产业分工与产业转移研究 ［M］. 北京：经济科学出版社，2013.

[59] 李锋. 国内外关于产业区域转移问题研究观点述评 ［J］. 经济纵横，2004（6）：59-63.

[60] Kojima K. A macroeconomic approach to foreign direct investment ［J］. Hitotsubashi Journal of Economics，2014：1-20.

[61] 陈建军. 要素流动、产业转移和区域经济一体化 ［M］. 杭州：浙江大学出版社，2009.

[62] 任金玲. 我国产业转移与区域经济协调发展研究 ［M］. 成都：西南财经大学出版社，2014.

[63] 邹璇. 要素流动、产业转移与经济增长——空间经济学框架下的理论探索 [M]. 北京：经济科学出版社，2011.

[64] 杜传忠，刘英基. 区际产业分工与产业转移研究 [M]. 北京：经济科学出版社，2013.

[65] 马子红. 产业转移与我国西部地区产业结构调整 [M]. 北京：中国经济出版社，2014.

[66] 毛广雄. 区域产业转移与产业集群耦合发展 [M]. 北京：科学出版社，2015.

[67] 马子红. 中国区际产业转移与地方政府的政策选择 [M]. 北京：人民出版社，2009.

[68] 郑春勇. 协调合作与适度干预：政府在区域产业转移中的作用研究 [M]. 北京：中国社会科学出版社，2014.

[69] 杜传忠，刘英基. 区际产业分工与产业转移研究 [M]. 北京：经济科学出版社，2013.

[70] 何雄浪. 产业空间分异与我国区域经济协调发展研究 [M]. 北京：中国经济出版社，2013.

[71] 汪彩君. 过度集聚、要素拥挤与产业转移研究 [M]. 北京：中国社会科学出版社，2013.

[72] 安虎森. 产业转移、空间聚集与区域协调 [M]. 天津：南开大学出版社，2014.

[73] 郑春勇. 协调合作与适度干预：政府在区域产业转移中的作用研究 [M]. 北京：中国社会科学出版社，2014.

[74] 亚当·斯密. 国富论 [M]. 西安：陕西人民出版社，2002.

[75] Ricardo D. On the principles of political economy, and taxation [M]. Middlesex：Penguin Books，1971.

[76] 筱原三代平. 产业结构与投资分配 [J]. 一桥大学经济研究，1957，8 (4)：23-28.

[77] 筱原三代平. 产业结构论 [M]. 北京：中国人民大学出版社，1990.

[78] 赵晓晨. 动态比较优势理论在实践中的发展 [J]. 经济经纬，2007 (3)：10-13.

[79] 安宁. 关于工业产业升级战略的综述 [J]. 吉林工商学院学报，2011 (6)：9-12.

［80］胡琦. 产业结构变动的经济增长效应——产业结构理论演进与发展［J］. 湖北经济学院学报, 2004, 2 (3)：11-16.

［81］Akamatsa K. Wagakuni Yomo Kogyohim no Boeki Suisei "The Trend of Japan's Trade in Woolen Manufactures" ［J］. Shogyo Keizai Ronso "Journal of Nagoya Higher Commercial School", 1935：129.

［82］Akamatua K. A theory of unbalanced growth in the world economy ［J］. Weltwirtschaftliches Archiv, 1961, 86 (2)：196-217.

［83］Akamatua K. A historical pattern of economic growth in developing countries ［J］. The Developing Economies, 1962, 1 (S1)：3-25.

［84］Yamazawa I. Economic development and international trade：The Japanese model ［J］. Honolulu：East-West Center, 1991.

［85］张继焦. 中国东部与中西部之间的产业转移：影响因素分析 ［J］. 贵州社会科学, 2011 (1)：69-73.

［86］Vernon R. International investment and international trade in the product cycle ［J］. The Quarterly Journal of Economics, 1966, 80 (2)：190-207.

［87］Wells L T Jr. The Internationalization of Firms from Developing Countries ［C］. In Multinationals from Small Countries, edited by Agmon T, Kindleberger C P. Cambridge, MA：MIT Press, 1977.

［88］Kojima K. Direct Foreign Investment：A Japanese Model of Multi-National Business Operations ［M］. Routledge, 2010.

［89］小岛清. 对外贸易论 ［M］. 天津：南开大学出版社, 1987：121-243.

［90］彭继民. 从垄断优势到比较优势——直接投资理论在中国的影响 ［J］. 科学决策, 2003 (11)：2-9.

［91］Balassa B. "Revealed" comparative advantage revisited：An analysis of relative export shares of the industrial countries, 1953—1971 ［J］. The Manchester School, 1977, 45 (4)：327-344.

［92］赵晓晨. 动态比较优势理论在实践中的发展 ［J］. 经济经纬, 2007 (3)：10-13.

［93］杜传忠, 刘英基. 区际产业分工与产业转移研究 ［M］. 北京：经济科学出版社, 2013.

［94］阿尔弗雷德·韦伯. 工业区位论 ［M］. 北京：商务印书馆, 1997.

［95］白永秀，任保平. 区域经济理论的演化及其发展趋势［J］. 经济评论，2007（1）：021.

［96］Marshall A. Principles of Economics［M］. London：Macmillan（8th ed.），1920.

［97］Christaller W. Central places in southern Germany［M］. Prentice-Hall，1966.

［98］梁琦. 2008 年度诺奖得主克鲁格曼学术成就评述［J］. 国际经济评论，2008（6）：54-59.

［99］Lösch A. The Economics of Location：Translated from the Second Rev. German Ed. by William H. Woglom with the Assistance of Wolfgang F. Stolper［M］. Yale University Press，1954.

［100］劳尔·普雷维什. 外围资本主义——危机与改造［M］. 北京：商务印书馆，1990.

［101］Myrdal G. Economic theory and under-developed regions［J］. UP University Paperbacks（RU），1957（66）：33-43.

［102］白永秀，任保平. 区域经济理论的演化及其发展趋势［J］. 经济评论，2007（1）：21.

［103］Hirschman A O. The strategy of economic development［M］. New Haven：Yale University Press，1958.

［104］殷广卫，李佶. 空间经济学概念及其前沿——新经济地理学发展脉络综述［J］. 西南民族大学学报（人文社会科学版），2010（1）：75-82.

［105］Dixit A K，Stiglitz J E. Monopolistic competition and optimum product diversity［J］. American Economic Review，1997，67（3）：297-308.

［106］Krugman P. Increasing returns and economic geography［J］. Journal of Political Economy，1991，99（3）：482-559.

［107］梁琦. 空间经济：集聚、贸易与产业地理［M］. 北京：科学出版社，2014.

［108］梁琦. 空间经济学：多学科的融合与创新［J］. 地理教学，2006（9）：1-4.

［109］安虎森. 新经济地理学原理［M］. 2 版. 北京：经济科学出版社，2009.

[110] 安虎森, 蒋涛. 块状世界的经济学——空间经济学点评 [J]. 南开经济研究, 2006 (5): 92-103.

[111] Martin P, Rogers C A. Industrial location and public infrastructure [J]. Journal of International Economics, 1995, 39 (4): 335-351.

[112] Baldwin R E. Agglomeration and endogenous capital [J]. European Economic Review, 1999, 43 (2): 253-280.

[113] Forslid R, Ottaviano G I P. An analytically solvable core-periphery model [J]. Journal of Economic Geography, 2003, 3 (3): 229-240.

[114] Ottaviano G I P. Home market effects and the (in) efficiency of international specialization [R]. GIIS, mimeo, 2001.

[115] Forslid R. Aggloeration with human and physical capital: An analytically solvable case [M]. London: Centre for Economic Policy Research, 1999.

[116] Baldwin R E, Martin P, Ottaviano G I P. Global income divergence, trade, and industrialization: The geography of growth take-offs [J]. Journal of Economic Growth, 2001, 6 (1): 5-37.

[117] Martin P Ottaviano G I P. Growing locations: Industry location in a model of endogenous growth [J]. European Economic Review, 1999, 43 (2): 281-302.

[118] Krugman P, Venables A J. Globalization and the inequality of nations [J]. Quarterly Journal of Economics, 1995, 110 (4): 857-880.

[119] Fujita M, Krugman P R, and Venables A. The spatial economy: Cities, regions, and international trade [M]. MIT Press, 2001.

[120] Robert-Nicoud F. A simple geography model with vertical linkages and capital mobility [J]. LSE, mimeo, 2002.

[121] Ottaviano G I P. Models of "New Economic Geography": Factor Mobility vs. Vertical Linkages [J]. New directios in economic geography, 2007: 53.

[122] 曹骥赟. 知识溢出双增长模型和中国经验数据的检验 [D]. 上海: 同济大学, 2007.

[123] Ottaviano G I P, Tabuchi T, Thisse J F. Agglomeration and trade revisited [J]. International Economic Review, 2002, 43: 409-436.

［124］ Ottaviano G I P. Monopolistic competition，trade，and endogenous spatial fluctuations ［J］，Regional Science and Urban Economics，2001，31（1）：51-77.

［125］ Berliant M，Fujita M. Knowledge creation as a square dance on the Hilber cube ［J］. International Economic Review，2008，49（4）：1251-1295.

［126］ Berliant M，Fujita M. Dynamics of knowledge creation and transfer：The two person case ［J］. Inernational Journal of Economic Theory，2009，5（2）：155-179.

［127］ 丁建军. 产业转移的新经济地理学解释 ［J］. 财经科学，2011（1）：35-42.

［128］ 聂鹏. 区域生产性服务业竞争力评价研究 ［D］. 武汉：武汉理工大学，2010.

［129］ Stiglitz J E，Dixit A K. Monopolistic competition and optimum product diversity ［J］. American Economic Review，1977，67（3）：297-308.

［130］ Samuelson P A. The transfer problem and transport costs：The terms of trade when impediments are absent ［J］. The Economic Journal，1952，62：278-304.

［131］ 赵琳，徐廷廷，徐长乐. 长江经济带经济演进的时空分析 ［J］. 长江流域资源与环境，2013，22（7）：846-851.

［132］ 李伯谦. 长江流域文明的进程 ［J］. 考古与文物，1997（4）：12-18.

［133］ 陈修颖. 长江经济带空间结构演化及重组 ［J］. 地理学报，2008，62（12）：1265-1276.

［134］ 张思平. 流域经济学 ［M］. 武汉：湖北人民出版社，1987.

［135］ 许学强，周一星，宁越敏. 城市地理学 ［M］. 北京：高等教育出版社，1997.

［136］ 胡平. 近代市场与沿江发展战略 ［M］. 北京：中国财政经济出版社，1996.

［137］ 严中平. 中国近代经济史 ［M］. 北京：人民出版社，1988.

［138］ 伍新木，宋栋. 长江经济带在中国经济发展中的战略地位与作用 ［A］. 长江流域经济文化初探 ［C］. 1997：30-43.

［139］ 蔡谓州. 中国海关简史 ［M］. 北京：中国展望出版社，1989.

[140] Paine S. Spatial aspects of Chinese development：Issues，outcomes and policies 1949—1979 [J]. The Journal of Development Studies，1981, 17 (2)：133-195.

[141] 顾朝林，赵晓斌. 中国区域开发模式的选择 [J]. 地理研究，1995, 14 (4)：8-21.

[142] 文孛. 长江经济带战略升级历程 [J]. 珠江水运，2013 (20)：19.

[143] 付倩倩. 长江开发开放 30 年 [J]. 决策，2014 (5)：38-40.

[144] 陆心贤. 分工协作发挥区域总体优势：长江流域经济协调发展对策研究 [J]. 经济地理，1993, 13 (2)：21-26.

[145] Martin P，Rogers C A. Industrial location and public infrastructure [J]. Journal of International Economics，1995, 39 (3)：335-351.

[146] 金凤君. 我国空间运输联系的实验研究 [J]. 地理学报，1991, 49 (1)：16-25.

[147] 尚秋谨. 我国都市圈发展中的城市政府执行力研究 [D]. 北京：中央民族大学，2010.

[148] 萧坊. 时髦的 "经济圈" 切莫 "一圈了之" [J]. 中国经济周刊，2005 (48)：50-50.

[149] 黄俊. 城市群发展历程对比研究分析 [D]. 成都：西南财经大学，2011.

[150] 卞彬，李柱. 长江经济带产业协同发展与互动路径 [J]. 重庆行政：公共论坛，2014, 15 (6)：67-71.

[151] 伍新木，宋栋. 长江经济带在中国经济发展中的战略地位与作用 [J]. 长江流域经济文化初探，1997.

[152] 尚勇敏，曾刚，海骏娇. "长江经济带" 建设的空间结构与发展战略研究 [J]. 经济纵横，2014 (11)：21.

[153] 曾刚. 长江经济带协同发展的基础与谋略 [M]. 北京：经济科学出版社，2014.

[154] 喻新安，郭小燕，王新涛. 区域发展新棋局与中部崛起新机遇 [J]. 区域经济评论，2014 (4)：52-59.

[155] 工信部产业政策司，工信部电子科学技术情报研究所. 中国产业转移年度报告 2014—2015 [M]. 北京：电子工业出版社，2015.

[156] 吴传清. 中国区域发展战略的三次调整 [N]. 长江商报，2014-02-17.

[157] 叶振宇."十二五"我国国家产业转移政策的特征，重点与趋势[J].发展研究，2012（10）：71-73.

[158] 工信部产业政策司、电子科学技术情报研究所.中国产业转移年度报告2014—2015[M].北京：电子工业出版社，2015.

[159] 政府工作报告.上海市市长杨雄[N].解放日报，2015-01-31.

[160] 唐卫彬，刘亢，皮曙初，等.长江经济带产业承接存乱象，转移企业漫天要价骗补骗税[N].经济参考报，2014-12-02.

[161] 梁曙霞，祖强.以延伸产业链，攀升价值链为重点加快江苏利用外资的转型升级[J].江苏大学学报（社会科学版），2013，15（5）：71-77.

[162] 祖强，梁曙霞.中国东部地区的利用外资与经济转型[J].新金融，2013（10）：46-50.

[163] 王质勤.江苏利用外资面临的挑战和存在的问题[J].对外经贸实务，1998（6）：29-32.

[164] 江霞.长三角合作推动产业转型升级[J].江南论坛，2011（10）：23-23.

[165] 丁海中.皖江城市带承接产业转移示范区建设报告（2014）[M].北京：社会科学文献出版社，2014.

[166] 张瑞，范云霞.产业转移冷思维[J].创新科技，2008（8）：8-13.

[167] 刘菁，李美娟，郭强.江西依托产业集群打造经济新引擎[N].经济参考报，2014-11-12.

[168] 吕连生.中部地区承接产业转移大趋势[J].科技创新与生产力，2011（11）：10-17.

[169] 向碧华.产业转移问题研究[D].武汉：武汉大学，2011.

[170] 张瀚文.考虑非期望产出的武汉城市圈产业承接效率测算[D].南洋：南京航空航天大学，2014.

[171] 周先旺.加快发展开放型经济建设内陆开放新高地[J].政策，2013（9）：57-59.

[172] 蔡坚.中西部承接东部产业转移的模式选择——基于湖北产业链整合的视角[J].当代经济，2011（21）：74-76.

[173] 周湘智，周迎春.融入"地球村"筑好"桥头堡"[J].新湘评论，2012（11）：10.

[174] 黄秀霞.重庆市产业转移承接力度的影响因素研究[D].重庆：

重庆大学，2013.

[175] 王亚妮. 产业转移对河南省产业结构优化的影响研究 [D]. 焦作：河南理工大学，2009.

[176] 王作成，韩联伟，穆文龙，等. 河南承接产业转移的重点选择及对策分析 [J]. 中州学刊，2007（5）：30-34.

[177] 魏后凯，白玫. 中国企业迁移的特征、决定因素及发展趋势 [J]. 发展研究，2009（10）：9-18.

[178] 罗文，徐光瑞. 中国工业发展质量研究 [J]. 中国软科学，2013（1）：50-60.

[179] 刁永祚. 积极推进中国新型工业化的发展道路 [J]. 首都师范大学学报（社会科学版），2002（6）：9.

[180] 坚定信心克难攻坚以改革创新推动发展升级 [N]. 人民日报，2015-10-24.

[181] 林杰，郑循刚. 基于熵权-TOPSIS 法的房地产上市公司绩效评价 [J]. 技术经济与管理研究，2008（3）：14-15.

[182] 刘英基. 中国区际产业转移的动因与协同效应研究 [D]. 田径：南开大学，2012.

[183] 郑长德. 空间经济学与中国区域发展：理论与实证研究 [M]. 北京：经济科学出版社，2014.

[184] 郑长德. 区域协调发展的政策研究——基于新经济地理学的视角 [J]. 云南财经大学学报，2012（1）：40-49.

[185] 郑长德. 世界不发达地区开发史鉴 [M]. 北京：民族出版社，2001.

[186] Jacobs J. Economy of Cities [M]. New York：Vintage，1970.

[187] Henderson V，Kuncoro A，Turner M. Industrial development in cities [J]. Journal of Political Economy，1995，103（5）：1067-1090.

[188] Martin P. Public policies, regional inequalities and growth [J]. Journal of public economics，1999，73（1）：85-105.

[189] Barro R，Sala-I-Martin X，Blanchrd O J. Covergence across states and regions [J]. Brookings Papers on Economic Activity，1991（1）：107-182.

[190] 叶振宇. "十二五"我国国家产业转移政策的特征、重点与趋势 [J]. 发展研究，2012（10）：71-73.